パット剝ギトッテシマッタ後の世界へ

ヒロシマを想起する思考

柿木伸之
Nobuyuki KAKIGI

パット剝ギトッテシマッタ　アトノセカイ

「夏の花」の末尾近く、原子爆弾によって壊滅した広島の市街地を後にしようとするこの小説の語り手は、一面の廃墟を振り返って、こう「片仮名で描《か》きなぐる」。「夏の花」は、広島市の幟町の実家で原爆に遭った原民喜が、避難の途上で目の当たりにした惨禍の光景を手帳に書き付けた、いわゆる「原爆被災時のノート」が基になっているが、そこから浮かび上がってきたのは、彼にとって、これまで生きてきたのとはまったく異なった「セカイ」であった。原爆の閃光と爆風によって、生ある者の有機的な統一を形づくっていた被いが一瞬にして剝ぎ取られ、生命をその根幹から破壊された者たちの苦悩が剝き出しになった世界。原はその異貌を凝視し、自分の眼に焼き付けたものの一端を、「コレガ人間ナノデス」をはじめとする「原爆小景」の詩篇のなかに、視覚的にも尖った片仮名書きで描き出している。

このことは原自身にとっては、広島で起きた出来事の刺すような衝撃を言葉のうちに刻み込み、悶え苦しむ者たちの声を反響させることを意味していたにちがいない。それによって彼は、「鎮魂歌」のなかにみずから記しているように、「剝ぎとられた世界の人間」と化す。

原が詩のかたちで語っているのは、「剝ぎとられた世界」からの言葉なのだ。それに耳を澄ますならば、死に覆われた世界で、それでもなお生きようとした者たちの呻きや叫びが、今も谺《こだま》してくるにちがいない。核兵器が世界で初めて人の住む街に使われた出来事としての「ヒロシマ」を想起することは、死者の嘆きを、さらには怨みさえも自分のなかに反響させながら、みずから「剝ぎとられた世界の人間」になるところから始まるのではないだろうか。そのことは同時に、ジョルジュ・バタイユが語った「ヒロシマの人々」の一人になることでもあろう。

バタイユがジョン・ハーシーのルポルタージュ『ヒロシマ』を論じながら語る「ヒロシマの人々」は、「人間」である以前に「動物」である。バタイユの「ヒロシマの人々の物語」は、わが身に何が降りかかっているかを捉える「人間」の知性を発揮できないまま、原爆の圧倒的な破壊力に曝されてしまい、「動物《アニマル》」としての生命を剝き出しにせざるをえなかった人々の姿を見つめている。その一人ひとりの鎮まることのない魂《アニマ》との遭遇とともに、自分が根底から揺さぶられるなかでヒロシマを想起するのでなければ、「ヒロシマの人々の物語」は、原爆を計画的に投下した「人間」――その代表者として挙げられるのが、原爆投下時のアメリカ合州国大統領ハリー・S・トルーマンである――に同一化した視点から語られる、「被爆地」と「被爆国」の「復興」に彩られた歴史に解消されてしまうにちがいない。

広島を上空から俯瞰する立場に同一化した大勢順応主義者《コンフォーミスト》ないし体制翼賛型少数者《モデル・マイノリティ》が物

語る、上からの「復興」の神話としての歴史は、死者のみならず、生き残った者をも「科学」のサンプルに変える一人ひとりの尊厳の蹂躙――それが拠って立つ「科学的」前提にもとづいて、今も「被爆者」か否かが決定され続けている――のみならず、いわゆる「原子力の平和利用」にも道を開き――広島市の復興を祝う博覧会でも「原子力の平和利用」の「未来」が展示された――、過酷事故を起こした福島第一原子力発電所からおびただしい放射性物質が放出され続けているなか、日本列島の原発の再稼働が進められつつある現在をも支配している。そして、「復興」の神話の支配の下で「未来」を夢見ることは、今やヴァルター・ベンヤミンが語った、「自分自身の滅亡を第一級の美的享楽として体験しようという段階」に、現実に近づきつつある。

そのような今、ヒロシマを想起するとは、原子雲の下で一個の「動物」であるほかなかった一人ひとりの生死に思いを馳せながら、「ヒロシマの人々」が「人間」としては生きることも死ぬこともできなかったことを、自分自身の問題として考えることで、このように危機的な現在を見通すことであろう。そして、現在を支配する神話としての歴史の連続が、忘却と抑圧の上に成り立っている以上、「パット剝ギトッテシマッタ」後の世界を想起するとは、その歴史を「逆撫で」することにほかならない。ベンヤミンは、「歴史を逆撫で」して「抑圧された者たちの伝統」を受け継ぐこと――これこそが被爆の記憶の「継承」ではないか――のうちに、想起の経験にもとづくもう一つの歴史の可能性を見届けようとしていた。そして、神話としての歴史の連続を中断させて、未だ歴史となっていない記憶を呼び起こし、死者とともに生きる場を今ここに切り開くものへ歴史そのものを反転させることを、彼は「革命」と考えていたのである。

本書に収められているのは、「剝ぎとられた世界」からの原民喜の言葉に揺さぶられながら、ヴァルター・ベンヤミンの追求するもう一つの歴史——これを原の言葉を借りて、「燃エガラ」からの歴史と呼ぶこともできよう——への問いを広島の地で受け継ぐことによって、今ここでヒロシマを想起する回路を探ろうとする思考の試みである。それは、詩人パウル・ツェランが、故郷ブコヴィナの記憶の黒土に言葉の手を差し入れたのに倣って、広島の市街の中心を覆う白いコンクリートの下に広がる沃土に思考の探りを入れることでもあるのかもしれない。そこに今も傷が疼き、怨念や悔恨がわだかまっているのを受け止めながら、まずは「動物」である「剝ぎとられた世界の人間」の一人であることを注意深く掘り下げるならば、今も続く帝国の軍都廣島《ひろしま》の歴史にも眼が開かれるだろう。また、それをつうじて危機的な現在を捉え返すならば、「ヒロシマの人々」の経験を、世界中のヒロシマの子《ヒロシマズ》たちの苦悩と照らし合わせる地平も開かれるにちがいない。それをつうじて「原子力神話」と戦争の歴史を食い止めることは、死者を含めた他者とともに生きる——その可能性として「平和」が追い求められるべきではないだろうか——うえで、喫緊の課題である。

このように、「パット剝ギトッテシマッタ」後の世界の痕跡を探って、広島の街を流れる川の川床――そこには原爆に遭った者が遺した品々が今も転がっているという――にも広がる沃土を掘り、そこに埋もれていた記憶を、広島を世界に開くかたちで拾い出すことによってこそ、広島の、ないしは広島からの文化《カルチャー》を培《カルティヴェイト》うことができるのではないだろうか。その際、文学や映画をはじめとする広島の芸術の遺産を、批評をつうじて受け継ぐことによって、記憶することの可能性を拡げるような芸術的創造への見通しを切り開くことも欠かせないはずだ。本書に収録されているのは、こうした問題意識を抱きながらさまざまな機会に書いた評論や論考、あるいはヒロシマ平和映画祭などの場で行なった講演の記録である。論稿の初出や講演の場については、各稿末の追記に記しておいた。ここに痕跡を残している広島の地での思考のもがきが、被爆の記憶の継承の可能性を、平和とは何かを、あるいは芸術や文化そのものを問う開かれた議論を呼び起こすとすれば、著者としてこれに勝る喜びはない。

柿木伸之

パット剝ギトッテシマッタ後の世界へ
ヒロシマを想起する思考──目次

第二部　映画から問う平和と文化

第三部　ヒロシマ批評草紙

カバー作品・靉光《眼のある風景》（部分）東京国立近代美術館所蔵

水のなかに火が燃え
夕靄のしめりのなかに火が燃え
枯木のなかに火が燃え
歩いてゆく星が一つ

原民喜「風景」

広島の鎮まることなき魂のために

抑圧された者たちの伝統は、私たちが生きている「例外状態」が通常であることを教えている。私たちはそのことに見合う歴史の概念に達しなければならない。このとき、真の例外状態を招来させることを、私たちの課題としてはっきりと見据えることになるだろう。

ヴァルター・ベンヤミン「歴史の概念について」

I

一九四五年八月六日に原子爆弾によって焦土と化すまで、広島は「軍都」だったと言われる。では、広島が日本の軍事的な拠点をなす「都」として栄えたとは、いったいどういうことだろう。たしかに、一八九四年に始まる日清戦争の際に広島城に大本営が置かれ、首都機能が一時的ながらも広島へ移転したことは、広島が「軍都」として発展する決定的な要因と言える。その後も市街の中心には陸軍の軍事施設が置かれ、さらにその周辺には兵站のための工場や倉庫が整備されてくるなかで、そこに集まる将兵を相手にした商売や軍需産業が盛んになっていったことは想像に難くない。

ここでただちに確認しておかなければならないのは、広島が帝国日本の「軍都」だったことである。このことを念頭に置いて広島の「軍都」への歩みを振り返るとき、日清戦争が始まるおよそ十年前に着手された、当時の広島県令千田貞曉《せんださだあき》による宇品港の築港事業を忘れることはできない。そして、難工事のために莫大な費用を要したという宇品築港の歴史的意義を省察する際、日清戦争時に広島が首都となったことを踏まえながら「都」を**capital**と捉えるとともに、ジャック・デリダが『他の岬』のなかでこの語から引き出したいくつかの意味を思い起こすべきであろう。すると、宇品港を擁する広島が、帝国日本の要《キャピタル》をなしていたばかりでなく、その帝国主義の軍事的な先端《キャピタル》としても機能し、さらには帝国の統治のための資本《キャピタル》をも供給していたという意味で「軍都」だったことが見通されてくるにちがいない。

実際、広島が文字通り帝国日本の首都《キャピタル》となって、対外侵略の拠点として機能し始めていた時期から、宇品港からは数多くの兵士たちが朝鮮半島や中国大陸へ送り出されていった。日清戦争以来広島は、東アジアへ突き出た帝国の尖端《キャピタル》という意味でも「軍都」だったのだ。また、帝国日本の侵略によって植民地化された朝鮮半島から、苛烈を極めた植民地支配のために故郷を棄てることを余儀なくされて広島を目指した人々や、後には半島や大陸から広島へ強制連行された人々のなかにも、宇品港を通過して四散していった人々がいた。こうして広島へ来ることを強いられた人々は、広島湾沿岸の軍需工場や、中国山地でのダム建設工事の現場などに動員され、そこで苛酷な労働を強いられることになる。こうした人々のうち、少なからぬ人々が労働の現場で命を落としていたことを想起するなら、しばしばその美しさが称えられる広島の海も河も、水に血を染み込ませながら、東アジアと植民地主義的に直結していたことになろう。そして、宇品港を結節点とする東アジアとの結びつきが、帝国の統治の資本《キャピタル》を供給していたことは、言うまでもあるまい。

そうすると、広島は宇品港という帝国の突端《キャピタル》を築くことを契機として、帝国日本の軍事的な要衝《キャピタル》として発展し始めたことになろうが、そう考える際に、このような動きを主導した帝国の先兵たちの存在を見過ごすことはできない。もとは一地方の少数者《マイノリティ》であったこの人々こそが、「軍都」を実質的に築き、支えていたのだ。この人々は、自分たちの土地が帝国政府によって占領され、帝国のために利用されるのに対して抵抗するどころか、むしろ積極的にその手引きをして分け前に与ろうとした。そうした、まさに酒井直樹に倣って「体制翼賛型少数者《モデル・マイノリティ》」と呼ぶべき人々の大勢順応主義的な心性は、原子爆弾によって「軍都」が壊滅した後も存続しているにちがいない。

そのことは例えば、国際的な会議やスポーツの祭典、あるいは博覧会が、「平和」のためと称して繰り返し誘致ないし招致されていることに、如実に表われていよう。こうした広島の外に開催主体のある大規模な催しに乗じて「国際平和文化都市」広島を世界にアピールしようと企み、その機会に現在のアメリカ合州国大統領を含むノーベル平和賞受賞者のような国際的な「権威」が「平和」を代弁してくれることを期待する心性は、その志向性において、「軍都」を支えた心性とまさに同型である。

物理的な「軍都」は滅んでも、軍都根性は戦後の「国際平和文化都市」の仮面の下に生き残っている。その大勢順応主義《コンフォーミズム》が「唯一の被爆国」の神話に依拠するとなれば、ヴァルター・ベンヤミンが指摘しているように、「死者たちさえも安全ではない」。被爆して死んだ者たちの記憶が「唯一の被爆国」の歴史に回収され、その美化に、さらには戦後の体制翼賛型少数者《モデル・マイノリティ》の自己正当化に利用されてしまうのだ。そして、このことと表裏一体なのが、「軍都」広島を拠点とする帝国日本の植民地主義の歴史の忘却であり、八月六日を迎えてもなお戦争を継続していた国家の責任を問う回路の封殺である。

神話の歴史としての「軍都」の歴史は、今も続いている。その歴史が行なう記憶の簒奪に抗して歴史が、いや歴史そのものが捉え直されなければならない。死者とともに生きていくために。その手始めに「軍都」広島の歴史をその起源から掘り起こそうとするとき、帝国の突端となる港を築いた千田貞曉に出会うことになるわけだが、彼が官軍の一員として勲功を立てて、薩摩の一藩士から新政府の高官に成り上がった人物だったことは、皮肉な巡り合わせと言うべきだろうか。

Ⅱ

ここで「軍都」広島の歴史が今なお続いていることに着目したのは、広島への原子爆弾の投下を経て現在に至る「進歩」の歴史が、死者たちの記憶を蹂躙しながら、生あるものたちの生命を根幹から脅かす、危機的な地点に達しているという認識にもとづいている。また、そのような段階に至るまで、「平和利用」の名の下での核開発を容認してきた大勢順応主義的な心性を、体制翼賛型少数者《モデル・マイノリティ》のそれとして見つめ直すためでもあった。この心性は、自分が依拠する歴史を神話化するかたちで美化することの上に成り立っている。今やそのことが、ベンヤミンが「政治の耽美主義化」に関して述べていたように、「自分自身の滅亡を第一級の美的享楽として体験しようという段階に達している」とするならば、あらためて「進歩」の、あるいは「成長」の歴史のさなかにある破局をあらためて想起し、それに巻き込まれた人々の苦難の記憶を、神話としての歴史を打ち砕きながら呼び覚ます必要があろう。ベンヤミンは、こうしてすでに物語られて支配的になっている歴史の覆いを剝がして、その歴史から消された死者たちの記憶を甦らせる、すなわち「歴史を逆撫でする」道を指し示している。

　広島と長崎で被爆した、あるいは原子爆弾の投下からほどなくして被曝した人々が次々と倒れているさなかに「原子力の平和利用」を導入して、日本列島の沿岸部各地に原子力発電所を建設し、稼働させてきた歴史は、福島第一原子力発電所から計り知れない量の放射性物質を撒き散らすに至った。今も発電所の廃墟から放出され続けている放射性物質は、発電所の周辺地域に住んでいた人々の生活を根こそぎにしながら、生命の根幹を傷つけつつある。にもかかわらず、この人災に立ち至った歴史が、また一歩前へ進められつつあるのだ。今や日本列島のみならず、東アジアに生きる人々の生命が被曝の危機に瀕している。東アジアは、またも暴力によって直結させられたのである。

　こうして、これまで「復興」と「成長」の歴史と神話化されてきた歴史が、原子力発電所の再稼働によって再び押し進められようとしているさなか、日本の「原子力基本法」に「我が国の安全保障に資する」

という核開発の目的が明記されたことも見過ごせない。その建て前としての意図はどうあれ、その経緯は、たとえ潜在的にとしても核兵器を開発する能力を維持したいという欲望が、日本の核開発の歴史を貫いていることをあらためて浮き彫りにしていよう。とすれば、今も続いている歴史は、核兵器を開発し、広島と長崎に原子爆弾を投下するに至った歴史、その後も核実験を繰り返し、さらには劣化ウラン弾のような兵器も使用して、無数の人々を被曝させてきた歴史とも地続きの関係にある。

このように、「進歩」として美化され、日本では「復興」や「成長」の神話を伴っていた歴史が、破局の連続にほかならないことを見据えながら、その歴史がこれからも続いて、生者と死者の双方を食い物にしていくのを阻止する回路を探ることは、生きること自体に関わる課題である。その歴史の空間として、今や放射能の危険に曝されている東アジアを見つめ直すことは、同時にその時間を貫いてきた暴力の歴史を「逆撫でする」ことにほかならない。

III

「歴史の概念について」を書くベンヤミンにとって「歴史を逆撫でする」とは、つねに「例外状態」に置かれてきた「抑圧された者たちの伝統」を受け継ぐことでもある。みずから歴史を物語ることのできない立場に置かれ、絶えず歴史から抹殺されてきた「抑圧された者たち」の記憶を、ここでベンヤミンは敢えて「伝統」と呼んで、時空を隔てた死者たちの記憶が星座をなすようにして呼び覚まされるところに、ひと続きに物語られる歴史とは異なった、もう一つの歴史の可能性を賭けようとするわけだが、その可能性は、今再び賭けられなければならない。「軍都」の歴史に抗して、歴史そのものが今一度問われなければならないのだ。過去を想起し、記憶を伝える歴史の経験を、死者たちとともに生きることのうちに取り戻すために。

そうすると、従来の歴史によって抑圧されてきた記憶を今ここに呼び起こし、受け継いでいくことは、こうして記憶を継承する経験そのものを、軍都根性としても現われる大勢順応主義《コンフォーミズム》の手から奪回しながら、歴史の可能性を問うことである。ベンヤミンが「歴史の概念について」を書くことは、神話としての歴史の支配に抗して、このような思考の道筋を切り開く行為にほかならない。それによると、時の支配者に自己を同一化させる「大勢順応主義は、伝承を今まさに征服しようとしているが、この大勢順応主義の手から伝承を奪い返そうと、どの時代にも試みられなければならない」。

大勢順応主義からの伝承の奪回、それは一つひとつの死を時に「犠牲」などと美化しながらひと続きの神話のうちに組み込んだり、また時にそれを記憶から消し去ったりする歴史の暴力に抗して、またその神話を解体して、死者たちの声の谺《こだま》を響かせる回路を切り開くことである。ただしベンヤミンが、こうして「抑圧された者たちの伝統」を受け継ぐことが、死者の記憶にふと捕らえられるような、非随意的な想起にもとづくことを指摘している点も、けっして忘れられてはならない。「歴史的唯物論にとって重要なのは、危機の瞬間に思いがけず立ち現われてくる過去の像をしかと留めておくことなのだ」。ちなみに、ここで言う「歴史的唯物論」とは、過去の残余に対する、美化の対極にある態度である。

過去の残余に触れること、それは死者が巻き込まれた出来事の痕跡の前で立ち止まらせられたり、生き残りの証言に引き込まれたりするなかで、過去にじかに触れられることである。あたかも気が触れたかのような動揺とともに。「唯一の被爆国」の神話が消し去っていく、植民地主義の帰結として広島で被爆した死者たちの痕跡に遭遇したり、核兵器の開発を続ける殺戮者との「和解」を演出する物語が抑圧しようとする、原爆の生き残りたちの怨念に取り憑かれたりするとき、過去と現在が直結しているのだ。この直結の瞬間に行なわれる非随意的な想起を、死者たちの記憶を今ここに甦らせる一つの「像」に結晶させるところに、ベンヤミンは、従来の歴史を中断させるもう一つの歴史の可能性を見ようとしている。そのような思考の遺産は、ここ広島でも受け継がれるべきであろう。

Ⅳ

過去の出来事を証《あか》すその残余に遭遇するとき、過去と現在が断絶のなかで直結する。その瞬間に行なわれる非随意的な想起が「像」を結ぶとは、過去の記憶が一つの出来事として甦ってくることであり、今は歴史によって沈黙させられている死者たちの声の谺が今ここに響くことでもある。ダムとともに造られた湖の水面のさざめきから、原爆の生き残りたちから滲み出る怨みから、無念の死に追い込まれた者たちの鎮まることのない魂の叫びを、あるいは嘆きを聴き取り、それに言葉が共振するとき、その振動のなかから死者たちの声の谺が、この声なき声の谺が響き始める。このことは、従来の歴史の論理を震撼させずにはおかない。これまで支配者の立場から歴史を神話として物語ることを可能にしてきた論理に内在する暴力を見抜き、それを突き抜けたところでこそ、鎮まることのない魂を見いだし、それに呼応することができるのだ。

そして、従来の歴史の論理の崩壊を潜り抜けて初めて、歴史を語る言葉に詩的な強度が漲《みなぎ》ってくるはずである。このとき、死者たちに応えて新たに歴史を語る者のなかにも、ベンヤミンが「微かなメシアの力」と呼んだ力が漲ってくるにちがいない。彼は、その力が「進歩」の歴史を中断させるところに革命の可能性を見届けている。彼が「歴史の概念について」のために書いた草稿の一つによれば、「階級なき社会とは、歴史における進歩の最終目標ではなく、たとえしばしば失敗に終わったとしても、その成就した中断なのである」。

したがって、ベンヤミンにとって革命とは、「歴史を逆撫でする」ことで「真の例外状態」を引き起こすことであり、それはカール・マルクスが語った「世界史の機関車」の「非常ブレーキを引く」ことでもある。それは今、死者の魂を忘却の淵へ葬り去りながら生ある者たちの生命の根幹を脅かしつつある「進歩」の流れの前に立ちはだかり、これまで「復興」や「成長」などと美化されてきたその過程のうちに破局を見いだしながら、鎮まることのない死者の魂に出会い直すこと、そうして東アジアを直結させることと捉えられうる。このことが、植民地支配をはじめとする暴力によって東アジアが結びつけられてきた歴史を逆転させるのだ。

さらに、こうして歴史を逆転させることは、とくに広島においては、「軍都」の歴史を逆転させながら歴史そのものを反転させることであり、またそれとともに詩《うた》の力を再発見することでもあろう。出来事に打たれながら、それを言葉のうちに呼び起こす詩を、原民喜のような詩人は命懸けで生きた。そのことから生まれる言葉の強度を、軍都根性は否認し続けている。アメリカ合州国の支配下にある「唯一の被爆国」の無責任の論理に魂を売り渡して、再び帝国を内面化した軍都根性は、その大勢順応主義によって詩を抑圧し、文化を骨抜きにし続けているのだ。その歴史が今、「逆撫で」されなければならない。

広島で「歴史を逆撫で」すること、それは平和公園を覆う、歴史を漂白するかのように白いコンクリートを引き剝がしてみることかもしれない。すると、暴力によって直結させられてきた東アジアの血塗られた歴史のなかに、鎮まることのない魂たちが蠢《うごめ》いているのを見いだすにちがいない。その瞬間を捉えて、みずからの言葉を広島の鎮まることなき魂と共振させ、その声なき声の谺を響かせよう。そうして死者たちの一人ひとりを、この死者たちが経験した出来事の一つひとつを、今ここにその名で呼び出そう。こうして革命の万霊節を招来させるなら、死者と生者が応え合うなか、過去と現在が、それとともに東アジアの時空間が、詩の力で直結するのだ。東アジアの詩《ポエジー》による直結《チョッケツ》、そこにある生の深い肯定、これを今、暴力の歴史がさらに前へ押し進められるのに対する抵抗の拠点としようではないか。

二〇一二年七月一四日

引用文献

Walter Benjamin, »Das Kunstwerk im Zeitalter seiner technischen Reproduzierbarkeit«, in: *Gesammelte Schriften* Bd. I, Frankfurt am Main: Suhrkamp, 31990. 日本語訳：ヴァルター・ベンヤミン「技術的複製可能性の時代の芸術作品」、山口裕之編訳『ベンヤミン・アンソロジー』（後出の「歴史の概念について」の本文の日本語訳も収録）河出書房新社、二〇一一年。

――――, »Über den Begriff der Geschichte«; Notizen und Vorarbeiten zu den Thesen »Über den Begriff der Geschichte«, in: *Gesammelte Schriften* Bd. I.

Jacques Derrida, *L'autre cap: suivi de la démocratie ajournée*, Paris: Minuit, 1991. 日本語訳：ジャック・デリダ『他の岬――日延べされた民主主義』鵜飼哲、高橋哲哉訳、みすず書房、一九九三年。

酒井直樹『希望と憲法――日本国憲法の発話主体と応答』以文社、二〇〇八年。

追記

本稿は、二〇一二年七月一四日と一五日に広島女学院大学で開催された「詩と声明／死と生命」をテーマとするCultural Typhoon 2012 in Hiroshimaのメイン・パネルの一つ「軍都広島からチョッケツ東アジア」のセッションにて発表された声明である。本書収録に際し、字句の一部を修正した。

第一部

記憶する芸術の可能性へ向けて

未聞の記憶へ
――記憶の痕跡としての、想起の媒体としての芸術作品の経験、その広島における可能性――

I

芸術作品は、歴史的な時空間の内部で形成される過程で、記憶の痕跡をみずからのうちに留めうる。そのような一個のドキュメントとしての芸術作品は他方で、まさにそこにおいて未聞の記憶が今に呼び覚まされる、独特の媒体でもありうる。そのように芸術作品が想起の現場となる可能性は、新たに発掘された記憶の痕跡や、長い沈黙を破って証言される記憶などによって、これまで支配的だった歴史が問い直されようとしている今、あらためて注目されていよう。[1] ここではその可能性の一端を、ヒロシマの記憶を開かれたかたちで今に呼び覚ます芸術の可能性も視野に入れながら考察することにする。その手がかりとして、まず「あらゆる芸術作品は文字である」というテオドール・W・アドルノのテーゼに注目することにしたい。[2]

文学作品のみならず、造形芸術作品も、音楽作品も、さらには映像作品も一個の文字と捉えうる。

そのようにアドルノが『美学理論』において主張するとき、芸術作品が一義的に理解されうる記号であると考えているわけでは断じてない。『啓蒙の弁証法』をはじめとする著作において、芸術作品が一定の交換価値を帯びた消費の対象と化す文化産業の支配を痛烈に批判しつつ、芸術の自律を擁護してきたアドルノは、芸術作品を「文字」と規定することによってむしろ、特定の情報を担う記号であることのうちに作品を閉じ込める視線を撥ねつける力を、作品に認めているのだ。彼によれば、「ひたすら文字としてのみ、芸術作品は言葉である」が、そこにあるのは音声的に明晰な意味を結ぶ発語ではない。[3]「文字」としての作品はむしろ、沈黙において語りかけ、謎をかける。そうして芸術作品は、つねに新たな解読を迫るのだ。しかも、その謎を解くためのコードは与えられていない。「芸術の謎には、滅び去った数々の民族の文字と同様、それを解く鍵が欠けている」。[4]

このようにアドルノによれば、彼が『美学理論』で称揚するモダニズムの作品がそうであるように、芸術作品は沈黙において語りかけ、謎を突きつける「文字」として現出し、その謎に向き合う者の前で、たんなる記号であることを超越した芸術作品としての自己を顕現させる。ただし、作品がそのように「文字」であることは、作品が歴史的な形成物として物質的に存立することにもとづいてもいる。そのことによって作品は、ヴァルター・ベンヤミンが『ドイツ悲劇の根源』で論じるバロック悲劇のアレゴリーがそうであるように、意味に解消されえない物質性を際立たせる「文字像」として現われうるのだ。[5]そして、ベンヤミンの語るアレゴリーが「歴史の死相」のうちに儚く滅び去った者たちの痕跡を浮かび上がらせるのと同様、歴史的形成物としての作品も、その物質性において、かつてあった、しかも取り返しのつかない出来事の記憶の痕跡を留めうるのである。[6]

それどころか、アドルノによれば、作品は無機的な物質であることを徹底させることによって、美的に完結した形象のうちにけっして回収できない、その意味で表象不可能とも言うべき出来事の痕跡を浮かび上がらせることさえできる。ナチス・ドイツの収容所で虐殺された死者たちの沈黙に向き合いながら、虐殺者たちの言語であるドイツ語を極限まで酷使することによって書かれたパウル・ツェランの詩について、アドルノは、「言語を絶する恐怖を沈黙によって語ろうとする」と述べているのである。[7]しかも、ツェランの詩作品はこのとき、「人間たちのなかの見捨てられた者たちよりも下層にある言語、それどころかあらゆる有機的なものより下層にある言語、石や星といった死せるものの言語を模倣する」という。[8]

こうして「文字」としての芸術作品は、その物質的存立において、さらには芸術美を拒絶するかのように物質的であることを徹底させることによって、かつて起きた出来事の記憶の痕跡をみずからのうちに刻み込み、その痕跡を現在に回帰させることができる。その痕跡とは、ジャック・デリダがまさに「痕跡」としての「文字」について述べているように、「けっして現在であったことはなく、現在であることもない」出来事、すなわち十全に現前化されえない、その意味でも表象不可能と言える出来事の痕跡である。[9]そのような痕跡を今ここに突きつける「文字」として、芸術作品は絶えず新たな解読を迫る。そして、その謎に向き合う者の前で、作品は想起の現場になるのだ。かつて一度も想起されたことのない記憶の媒体が、そこにはある。

したがって、芸術作品は一つの痕跡であるような「文字」として、記憶のドキュメントになりうるし、その記憶を不断に更新しながら今に呼び覚ますような想起の媒体にもなりうる。こうした芸術作品において甦る記憶とは、例えば国民国家の「正史」などからはこぼれ落ちるものであろう。芸術作品がその真正さを示す沈黙は、それが呼び起こす記憶をひと続きの物語に回収することを拒絶しているはずである。しかしながら、これまで芸術が、神話としての歴史を表象する媒体としての作品を生産することによって、ベンヤミンが文化産業を駆使するファシズムについて述べた「政治の耽美主義化」に奉仕してきたことも否定できない。[10]「複製技術時代の芸術作品」において「政治の耽美主義化」を語るとき、彼の念頭にあるのは、当然ながら映像のスペクタクルによって戦争への大衆の総動員を図るナチス・ドイツのファシズムである。とはいえ、「政治の耽美主義化」そのものは、けっしてナチスだけのものではない。国民国家をはじめ政治的な共同体が、スペクタクルの演出や大規模なモニュメントを用いてそのアイデンティティを美化したり、あるいはその力を誇示したりするところには、必ずこの「耽美主義化」があると言える。[11]そして、それに寄与するのが意志的な記憶にほかならない。「政治の耽美主義化」が行なわれるとき、国民をはじめ共同体の成員のアイデンティティの在り処が、共感や陶酔に訴えるかたちで示されるが、その際しばしば「英雄」たちの「偉業」が顕彰され、そのアイデンティティの起源となる過去が記念される。このとき、支配的な権力の自己保存のための大衆の総動員へ向けて仮構されたアイデンティティのために、意志的な想起によって過去が恣意的に選別され、美的表象のかたちで現前化されるのだ。このような恣意的な記憶によって、無名の死者たちの記憶は、簒奪されるか抹殺される。そうすることで作り出された過去の像に対する共感と陶酔のなかで、アイデンティティの物語が一つの神話になり、さらには大衆を一体化する規範的言説になるのである。[12] こうして記憶することが、大衆の動員による権力の自己演出に奉仕するとき、ベンヤミンが「歴史の概念について」で述べているように、まさに「死者たちさえも安全ではない」[13]。

しかも、支配的な権力に同調した芸術は、彼が「複製技術時代の芸術作品」で指摘するように、最新のテクノロジーを駆使することで、恣意的な記憶の装置として機能し、「政治の耽美主義化」の道具となる作品を産み出すことさえできる。今日ではその可能性を、コンピューター・グラフィックスをはじめとするディジタル技術が未曾有の規模で拡げていよう。だが、芸術が神話的な歴史の媒体の生産に奉仕することは、アドルノに言わせるなら、権力とその支配下にある文化産業にみずからを売り渡し、芸術の可能性を放棄して、作品を消費の対象にすることにほかならない。

ベンヤミンは「歴史の概念について」のなかで、支配的な権力がその「政治の耽美主義化」のために記念碑的に顕揚する「文化財」について、それが「文化の記録であることには、それが同時に野蛮の記録であるということが、分かちがたく付きまとっている」と述べている。[14] そのことを察知するとき、これまで華やかに彩られてきた空間は廃墟と化し、そこに「文化の記録」の暴力によって抑圧されてきた記憶の痕跡が浮かび上がっているのに遭遇することになる。そのような瞬間を捉え、そうした記憶を救い出すかたちで想起する可能性を考察する際に、ベンヤミンは、現在の視点から過去を恣意的に選別して現前化する意志的な記憶から、マルセル・プルーストにあの『失われた時を求めて』を書かせた「無意志的記憶」を区別している。[15]「歴史の概念について」において、「危機の瞬間において歴史の主体に思いがけず立ち現われてくる過去の像をしかと留めておくことが重要なのだ」と述べるとき、ベンヤミンは、この非随意的な記憶を起点に歴史のありよう自体を捉え直そうとしているし、また「複製技術時代の芸術作品」において、映像のうちに「無意識の織り込まれた空間が立ち現われる」と述べるとき、映像が意志的記憶の装置としてのみならず、無意志的な記憶の媒体としても機能しうることを暗示しているのである。[16]

そうすると、芸術作品は、トラウマ的な、非随意的に回帰する記憶を含めた、この無意志的な記憶のドキュメントとして、かつそれを今ここで不断に更新するような想起の媒体として、記憶の現場でありうるのではないか。無意志的な記憶を掬い取るところにこそ、記憶の芸術があるのではないだろうか。さらに、それとともに産み出される作品は、美的に完結した形象ではありえないはずだ。ベンヤミンが「過去の像」と呼ぶものが、けっして完結した過去の「永遠の像」などではなく、むしろ過去が未完結なままに現在に突き入ってくる場であるのと同様に、芸術作品も、みずからのうちに過去の痕跡を刻み込み、緊張を孕みながら現前する「文字」であることによって、その謎に向き合う者の前で、未了の過去が想起される場に変貌しうるものと考えられる。[17] ここではそのような可能性を秘めた作品の例として、まず原民喜の「鎮魂歌」を挙げておきたい。みずからの被爆の経験を「夏の花」に記した原は、その四年後、この「鎮魂歌」のうちに、自分を刺し貫くかのように回帰する死者たちの記憶の痕跡を刻み込んでいるのである。

原は「鎮魂歌」において、被爆の後に壊滅した街を彷徨った経験の記憶が、無念の死者たちの嘆きの声とともに脳裡に甦ってくるのを掬い取ろうとしている。「僕をつらぬくものは僕をつらぬけ、一つの嘆きよ、僕をつらぬけ。無数の嘆きよ、僕をつらぬけ」と語る原は、死者の記憶が時の流れに逆らいながら湧き上がってくるのを、命懸けで言葉で受け止めようとしているようですらあるが、そうして無意志的記憶の痕跡を定着させるかたちで生まれた作品は、そこに引用される片仮名書きの詩が示すように、いわゆる「文学作品」としての美を越える異様さを、馴致しえない文字の姿で呈していよう。[18] その異様さにも向き合いながら原の作品を読み返すとき、死者たちと出会い直し、その記憶を今ここに新たに呼び覚ます可能性が、テクストのうちに開かれるのではないだろうか。

あるいは、細川俊夫の独唱、朗読、合唱、テープおよびオーケストラのための音楽作品《ヒロシマ・

声なき声》もまた、芸術が記憶の場を開く可能性を示していよう。なかでもその第三楽章は、根源的な静けさと深い緊張感を湛えたなかに、ツェランの詩「帰郷」を響かせることによって、死者たちの沈黙に耳を澄ましている。[19] 収容所で虐殺された死者たちの記憶が、深い雪の下で凍てつきながら、眼を突き刺すように沈黙において迫ってくるのを静かな表現に結晶させようとするツェランの詩を、通常の意味での「歌」とは異なった歌にしながら、細川の音楽は、ツェランが語る沈黙を、直前の第二楽章で朗読される『原爆の子』の言葉の背景にもある沈黙に呼応させる。そして、死者たちの沈黙を響きに刻み込みながら少しずつ高まり、そして再び沈黙のなかへ消えてゆく。[20] そのような、武満徹の言葉を借りれば「〈沈黙〉と測り合えるほどに、強く少ない音」が響くとき、その音の強度に身を開くなら、沈黙が突きつける現在との緊張のなかで、広島の死者たちの記憶を新たに、しかも他の場所の死者たちの記憶にも開かれたかたちで想起する場が、今ここに開かれるだろう。[21]

さらにもう一つ例を挙げるならば、ヒロシマ・アート・ドキュメント二〇〇八に出品する美術作家呉夏枝《オハヂ》は、染織や刺繡を駆使することによって、美術における階層秩序を内側から突き崩しながら、記憶の芸術の可能性に迫っている。《ある少数民族に捧げられる婚礼衣裳》(二〇〇〇年)、《花刺繡衣》(二〇〇一年)などの作品において彼女は、浮かんではまた沈む無意志的な記憶の断片を、細やかな手仕事によって掬い取りながら、記憶することが手仕事という身体的な行為としてもありうることをも表現していよう。また、それによって衣服に仕立てられた布は、被爆死した人々の身体を包んでいた衣服を撮った石内都の一連の写真と同様、不在の身体を想起させながら、そこに刻み込まれているであろう一人ひとりの経験に思いを馳せる空間を開くにちがいない。[22]そして、今回こうした可能性を秘めた作品に光を当てる現代美術展ヒロシマ・アート・ドキュメントは、インディペンデント・キュレーター伊藤由紀子の主宰により、毎年被爆建物を会場に開催されている。

この展覧会は、ともすれば観光向けのモニュメントにされてしまいかねない歴史的建築物に、現代美術の喚起力を衝突させることによって、被爆建物の建材の一つひとつに沈澱している記憶の力を、展示される作品の力と呼応させながら今に甦らせようとする希有な試みと言えよう。このように、モニュメントにアートを介入させるかたちで想起の空間を構成することによって、ヒロシマ・アート・ドキュメントは、細川の音楽作品とは違った仕方で、ヒロシマの記憶の世界的な位置を照らし出すとともに、被爆建物の内部で作品に向き合う者一人ひとりの位置を見つめ直させるだろう。[23]

このように、記憶の痕跡をみずからのうちに刻み込んだドキュメントとしての芸術作品は、その痕跡をアドルノの言う謎めいた「文字」の姿で現出させることによって、未完結の過去に遭遇させる。その衝撃が、過去の記憶を更新しつつ想起する可能性を開くのであり、その衝撃を潜り抜けながら未完結の過去へ眼差しを向ける現在の経験のなかで、芸術作品は、記憶が更新されながら呼び覚まされる場へと変貌するのだ。こうして芸術作品が想起の媒体として立ち現われるとき、芸術作品と現に向き合っている者が、死者たちがその沈黙とともに到来するのに開かれるばかりでなく、現在の空間も、さらには広島の街も、かつて起きた出来事が至るところで生傷を晒し、冥府への扉を開く、死者たちの街へと変貌する。そして、廃墟と化した空間のなかで思いがけず遭遇した未聞の記憶を掬い取ることは、同時にその記憶を、今度は意志的に神話的な歴史の連続性を破壊して取り出し、他者に開かれたかたちで語り出すことでもありえよう。それはまた、神話の支配の下での暴力——それは記憶を封印する暴力でもある——の連続を断ち切ろうとする試みでもあるはずだ。

ベンヤミンは「複製技術時代の芸術作品」の末尾において、神話としての歴史をモニュメントによって表象する「政治の耽美主義化」に、「芸術の政治化」を対置しているが、この「政治化」を語るとき彼は、このように想起の媒体としての芸術作品を現出させることをつうじて、抑圧されてきた記憶を救い出し、モニュメントが表象する歴史とその下で継続される暴力に介入する可能性をも、視野に収めていたのかもしれない。[24]そのことのうちにあるのは、自己演出のために芸術を動員し、記憶を横領する力に抗して、何者にも利用されえない芸術の力を見いだし、それが呼び覚ます記憶の力を解き放つ経験である。今広島で、芸術作品を記憶の場として捉え返そうとするとき、ヒロシマの記憶をめぐる記憶の芸術の試みの蓄積を振り返りながら、このような経験の可能性が探究されなければならないのではないだろうか。広島に生きる人々が、死者を含めた他者の眼差しや呼びかけに応答する力を取り戻し、共約不可能な他者たちが分有しうるヒロシマの記憶を語り継いでゆくために。

註

1　記憶とその証言からその歴史が問い直されつつある出来事として、ここでは、一九四八年のイスラエル建国に伴い、数多くのパレスティナ人が虐殺されたり故郷を追われたりした「ナクバ（大災厄）」と、その同じ年に済州島で起きた「四・三事件」とを挙げておく。慎重な考察を要するこの問題について以下も参照。冨山一郎編『歴史の描き方3——記憶が語りはじめる』東京大学出版会、二〇〇六年。

2 Theodor W. Adorno, *Ästhetische Theorie*, Frankfurt am Main: Suhrkamp, 1990, S. 189. アドルノのこのテーゼに関して、また彼のツェラン解釈について、細見和之『アドルノ——非同一性の哲学』講談社、一九九六年、二四〇頁以下参照。

3 T. W. Adorno, *L. c.*.

4 *Ibid.*, S. 193.

5 Walter Benjamin, *Ursprung des deutschen Trauerspiels*, in: *Gesammelte Schriften* Bd. I, Frankfurt am Main: Suhrkamp, ^{3}1990, S. 359.

6 *Ibid.*, S. 343.

7 T. W. Adorno, *op. cit.*, S. 477.

8 *L. c.*

9 Jacques Derrida, *Marges de la philosophie*, Paris: Minuit, 1972, p. 90. 日本語訳は、『哲学の余白（上）』高橋允昭、藤本一勇訳、法政大学出版局、二〇〇七年、六五頁。また、デリダの「痕跡」概念について、廣瀬浩司『デリダ——きたるべき痕跡の記憶』白水社、二〇〇六年、二〇頁以下参照。

10 W. Benjamin, »Das Kunstwerk im Zeitalter seiner technischen Reproduzierbarkeit« ‹Zweite Fassung›, in: *Gesammelte Schriften* Bd. VII, 1989, S. 382.

11 建築家がみずからの建築美学をもって、またそこに「日本的」要素を盛り込むことによって、敗戦前の「日本ファシズム」の美化に競って寄与しようとした動向について、またそれに関与した丹下健三の敗戦前の建築理想が、敗戦後に広島の平和記念公園のうちに形を変えて実現している点について、以下を参照。井上章一『アート・キッチュ・ジャパネスク——大東亜のポストモダン』青土社、一九八七年。

12　一定のプロットと演出を含んだ映像が受け手のあいだに「感傷」を醸成し、「自己憐憫」への「共感」にもとづく排他的な共同体の形成を媒介することを、映画作品を詳細に分析しながら論じ、そこにある忘却を問題化したものとして、以下を参照。酒井直樹『日本／映像／米国——共感の共同体と帝国的国民主義』青土社、二〇〇七年。

13　W. Benjamin, »Über den Begriff der Geschichte«, in: *Gesammelte Schriften* Bd. I, S. 695.

14　Ibid., S. 696.

15　Cf. Id., »Über einige Motive bei Baudelaire«, in: *Gesammelte Schriften* Bd. I, S. 609ff.

16　Id., »Über den Begriff der Geschichte«, S. 695; Id., »Das Kunstwerk im Zeitalter seiner Reproduzierbarkeit«, S. 376.

17　Id., »Über den Begriff der Geschichte«, S. 702. ベンヤミンがその歴史認識を結晶させようとする「像（Bild）」の概念について、以下の拙論も参照されたい。「出来事から歴史へ——ベンヤミンとハイデガーの歴史への問い」理想社『理想』第六八〇号、二〇〇八年、所収。

18　原民喜「鎮魂歌」『原民喜戦後全小説（下）』講談社、一九九五年、一六四頁。なお「鎮魂歌」には、「断末魔ノカミツク声／ソノ声ガ／コチラノ堤ヲノボロウトシテ／ムコウノ岸ニ　ニゲウセテユキ」といった片仮名書きの詩節が、自作の「原爆小景」から引用されている。噛みついて離れない記憶の光景、自分を刺し貫く嘆きの声、それらを、自分を捕らえる力もろとも言葉に定着させるためにも、原は片仮名で書いているのではないだろうか。

19　Paul Celan, »Heimkehr« aus *Sprachgitter*, in: *Gesammelte Werke* Bd. 1, Frankfurt am Main: Suhrkamp, 1986, S. 156.

20　二〇〇五年に行なわれた広島での演奏に接することができた細川俊夫の《ヒロシマ・声なき声》の第三楽章の解釈について、そのミュンヒェンでの世界初演のライヴ録音が収められたCD『《ヒロシマ・声なき声》細川俊夫作品集・音宇宙Ⅷ』(Fontec: FOCD3491, 2001) のブックレットに収められた石井誠士のライナー・ノート「音に沈黙を聴く」を参照。また、そこにツェランの「帰郷」の翻訳を寄せている小田智敏の示唆にも多くを負っている。記して感謝申し上げる。

21 武満徹『音、沈黙と測りあえるほどに』新潮社、一九七一年、六二頁。

22 こうした作品の特徴は、成蹊大学の研究プロジェクト「アジア・政治・アート」の京都でのセッション「アーティストとの対話」(二〇〇八年二月二三日、立命館大学アート・リサーチ・センター)における作家自身の言葉にもとづいている。

23 この点について、「位置」と題して伊藤由紀子が Hiroshima Art Document '96: Situation のカタログ(一九九六年)の巻頭に寄せたテクストを参照。

24 W. Benjamin, »Das Kunstwerk im Zeitalter seiner Reproduzierbarkeit«, S. 384. この点については、彼の美学と歴史哲学を詳細に対照させて検討することが必要だが、今は彼が美学において探究した知覚経験が、彼が歴史認識の媒体として語る、神話的な歴史の連続に抗する空間性を持った「過去の像」の構成に結びつきうることを指摘するにとどめたい。なお、美学と歴史哲学の関連については、以下の拙論も参照されたい。「新たな美的経験としての知覚へ――ベンヤミンの「知覚論」としての美学」上智大学哲学会『哲学論集』第三三号、二〇〇四年、所収。

追記

本稿は、二〇〇八年七月二六日に広島県立美術館講堂で開催された広島芸術学会第二二回大会シンポジウム「アートにおける『記録と記憶』」にてパネリストを務めた際に、「未聞の記憶へ――記憶の痕跡としての、想起の媒体としての芸術作品の経験、その広島における可能性によせて」という表題で発表した原稿である。本書収録に際し、一部の字句を修正した。

記憶する身体と時間
——ヒロシマ・アート・ドキュメント二〇〇八によせて——

建築物は、ヴァルター・ベンヤミンがある場所で述べていたように、視覚というよりも触覚の対象である。それゆえに、ある建築物の建材や調度品の一つひとつには、そこを生活の場としてきた人々の身体的な記憶が沈澱している。その記憶は、現在「被爆建物」と名づけられている、原子爆弾の爆風を潜り抜けて立ち続けている広島の建築物の場合には、言うまでもなく、生の記憶ばかりでなく、死の記憶でもある。この建築物が、広島の街を一瞬にして消し去った破壊力の痕跡を今も生々しく留めるところには、その破壊力を身に受けて生命を奪われた、あるいは一命を取り留めた人々の記憶が、深く刻み込まれてもいるのだ。生き残った者のうちに癒えることのない傷を残し、けっして過ぎ去ろうとしない出来事の記憶が。だが、その出来事の現場の一つである建築物が「被爆建物」に「指定」され、保存と管理の対象となるとき、ともすればそれはたんに見られるべきモニュメントと化し、そこに沈澱している記憶までもが、過去へ追いやられながら、保存と管理の対象にされかねない。

このような記憶の標本化に抗して、建築物に刻み込まれた記憶の力を今に呼び覚ましうるものの一つが芸術作品であることを証明し続けているのが、インディペンデント・キュレーター伊藤由紀子の手で、一九九四年以来、「被爆建物」を会場として続けられているヒロシマ・アート・ドキュメントにほかならない。彼女が選び抜いた現代美術作家たちの作品が「被爆建物」に展示されるとき、新しい作品の力に呼応して、建物がその記憶を静かに語り始める。芸術の力をそのアクチュアリティにおいて発揮させることによって想起の空間を構成するヒロシマ・アート・ドキュメント。旧日本銀行広島支店の建物を会場に開催されるその二〇〇八年の展覧会は、作品そのものの力によって、記憶すること自体が、とりわけその身体性と時間性において問い直される場を構成するものでもある。

まず、メイン・ホールを取り囲むように掛けられた広い布地に、レバノンに逃れているパレスティナ難民の女性たちのヴェールの写真をプリントしたジアッド・アンタールの作品は、ヴェールそのものの存在感を鮮やかな色彩において、それを身に着けていた女性たちの顔を映し出すかのように呈示しながら、ヴェールに染みついた記憶へ観る者を引き込んでいく。そのような作品の力は、記憶することが、身体をもって生きられる一人ひとりの他者の生にも開かれていることを気づかせてくれるが、この作品を前にしてそのような他者の生へ想像力が掻き立てられるのは、他者の身体がそこには存在しないからである。そして、他者の身体の不在を前にしてこそ、他者が生きた時への想像がまさに身体的に喚起されることを密やかに示しているのが、エントランス近くの一室に展示されている呉夏枝の《不在の存在》(二〇〇八年)にほかならない。真綿で織られた衣服を浮遊させたり、床に置いたりするかたちで、白一色の織物でそこにいない者たちの空間が構成されている一室は、肌で感じ取るほかはない存在の気配に充ち満ちている。そのなかで晴れの日の衣裳のような一着へ眼を注ぐならば、もはや着る者を持たない真綿の服の重みに胸を締めつけられながら、それを身に着けて唯一無二の生を生きた者が確かに存在したことに思いを馳せないではいられない。さらに、こうして時を隔てた他者の生に身体的に共振することが記憶の継承に結びつく希望を、ヴァーチャルなものの可能性において示しているのが、沖縄戦を潜り抜けた者たちの手に包まれる作者自身の姿を撮った、山城知佳子の《ヴァーチャル継承》（二〇〇八年）である。

さて、他者に共鳴する生を貫くのは時の移ろいであり、そのなかで他者の生も痕跡と化していく。そのように時の移ろいに貫かれた生の儚さと、その移ろいが破局へ突き進む猛々しさとを、一抹の諧謔を交えつつ表現したのが、ジェームス・ホプキンスの二作品であろう。また、時の移ろいのなかで、日常生活とその風景も暴力によって変えられ、他者とのあいだが人工的に隔てられていくこともありうる。アーティスト・ユニット「もうひとり」の作品と山城知佳子の《Border》（二〇〇七年）は、そのことを暗示していよう。彼女の《オキナワ Tourist》（二〇〇四年）は、その暴力の忘却をも、見る者に突きつけているのかもしれない。

このように、十五回目の節目を迎える今回のヒロシマ・アート・ドキュメントに集められた作品は、時の移ろいに貫かれ、暴力に曝されてもいる身体において想起が行なわれることを、それが一人ひとりの他者の生に開かれる可能性へ向けて、力強く示していると考えられる。そのような作品の力は、「被爆建物」も独特の仕方で物語っている記憶の証言に応える営み自体を、根底から問い直させるにちがいない。このことは、ここ広島で今まさに求められているはずである。広島の現在を、時空を隔てた他者との関わりのなかで見つめ返させる力を発揮する作品を集めて、ヒロシマ・アート・ドキュメントがこれからも高水準の展覧会として続いていくことを願ってやまない。

追記

本稿の初出は、Hiroshima Art Document 2008カタログ。「記憶する身体と時間」の表題で、英語訳とともに掲載された。

耳を澄ます言葉へ

――今、ヒロシマを語り、歌う可能性へ向けて――

はじめに

みなさま初めまして。ただ今大変丁寧なご紹介に与りました柿木です。このたびは、ここ広島での日本短歌大会において講演させていただく機会をいただき、身に余る光栄と考えております。私のような浅学の若輩者に声をかけてくださり、講演を実現させるためにご尽力くださいました関係者のみなさまに、この場を借りて心から感謝申し上げます。短歌の世界で長らく活躍されてきた諸先生をはじめ、ここにお集まりのみなさまを前にして、このように高いところからお話しするのは僭越ではありますが、しばらくの間私の話に耳を傾けていただければ幸いです。今回の講演では、言葉で語り、表現することについて、哲学の徒の一人として拙いながら考えてきたことの一端に触れ、短歌という芸術的表現に取り組んでおられるみなさまにとって、少しでも刺激になるお話をできればと願っております。

さて、先ほどのご紹介にもありましたように、私は六年前の二〇〇二年に仕事の縁で広島へやって来て、以来広島市立大学で教えながら哲学の研究を続けているところです。最近の何年かは、ヴァルター・ベンヤミンという、二十世紀の前半に思想家として、また批評家として活躍した人物の思想に、強い関心をもって取り組んでおりまして、これからのお話のなかでも、ベンヤミンが私たちの言語について考えていたことの一端に触れることになります。また、個人的に音楽をはじめ芸術に強い関心があることもあって、現代において芸術的表現ならびにその受容がどのようにありうるのか、ということも考えていきたいとつねづね願っております。このたびは、こうした美学的な問題意識、言語そのものへ向かう哲学的な問い、そして私自身が今立っているヒロシマという現場の三つをこれから結び合わせていくためのまたとないきっかけをいただいたと感謝しているところです。

それから、これまで私は、短歌というものにまったくと言ってよいほど縁がなかったのですが、この日を迎えるに先立って『原爆遺跡を詠む』（広島県歌人協会「原爆遺跡を詠む会」編、二〇〇七年）をはじめ、現代の広島の歌人の方々がヒロシマを詠んだ歌を集めたものをいくつか読み、短歌という形式に凝縮された言葉の力にあらためて驚かされました。死者の呼びかけに耳を澄ましながらヒロシマの記憶の立ち上がる場を開き、これまで目にしたことのない広島という街の相貌を目の当たりにさせる言葉の力。広島の歌人のみなさまの言葉に表われているこうした力が、言語それ自体に内在する力とも結びついていることを、これからのお話のなかで少しでも明らかにすることができればと考えております。あらかじめ申し上げておきますと、今ヒロシマを語り、歌うとは、言葉そのものの力を呼び覚ますことでもあることを示唆し、みなさまがみずからの歌う営みを問い直す、そのささやかなきっかけを提供するというのが、今回の私の拙いお話の目指すところです。

ところで、私は哲学を研究していると申しましたが、哲学とはいったい何でしょうか。とくに日本では、教育の場で哲学に触れる機会が少ないために、私もしばしばそのように訊かれるのですが、私自身この問いに対する確たる答えを持ち合わせているわけではありません。むしろ自分自身のテーマと向き合いながら、同時に哲学とは何かということも、一生涯をかけて掘り下げていかなければならないと考えております。とはいえ、ここで哲学とは何かを、より正確には哲学するとはどういうことかを、敢えてひと言で申し上げるとするなら、それは私たちが普段当たり前と思っている、私たちの日常生活の基盤となっている事柄を、それとともに生きることそれ自体を、根本から問い、突きつめていく思考の活動です。そして、そのようにして私たち一人ひとりが哲学するところ以外には哲学はないのです。

たしかに、私たちがこの世界で生きていくための基本的な前提となっている事柄をあらためて問題にするなどというのは、余計なことのように思われるかもしれません。しかし、そうしてこそ、自分が日々当然のように行なっていることの意味を問い直したり、自分が今どのような世界に生きているのかを見つめ直したり、あるいは自分自身のうちに潜む可能性に目覚めたりすることができるはずです。哲学することは、もちろん、例えば自然科学のように現在の社会にすぐに役立つことはありませんが、この世界をよりよいものに変え、そこでよりよく生きることへ向かう思考の原動力となりうるのではないでしょうか。そのように信じながら哲学に取り組む一人として、これまた私たちが普段当たり前に用いている言葉について、ここ広島で今考えていることを、これからお話ししたいと思います。

I　言葉の危機から言葉を問う

それにしても言葉とは何でしょうか。そのように問うことができるのは、まず言葉に対して何らかの引っかかりを持つからでしょう。言葉を当たり前に、淀みなく用いることができているなかには、言葉への問いは生じません。言葉とは何かと問う者は、ここにお集まりの詩歌に取り組まれているみなさまも、日ごろ経験されているように、言葉に詰まっているのです。ただし、詩的な創作に打ち込む際には、次に発せられるべき具体的な一つの言葉へ思考が集中するのに対して、言葉について哲学する際には、言葉そのものへ、言い換えるならその本質へ思考が向かいます。そのようななかから、言葉とは何かという問いが生じてくるのです。ちなみに、今それを具体的にお話しする余裕はありませんが、私自身も始終さまざまな意味で言葉に躓いておりまして、それをきっかけとして言葉のことを問題とするようになりました。そして、私の言葉への問いには、現在の言葉のありように対する一抹の危機感も込められています。

今から二千四百年以上前にソクラテスがギリシアのアテネでしたように、街を行き交う人に言葉とは何ですかと尋ねるなら、「言葉ってコミュニケーション・ツールでしょう」とか、あるいは「言葉は情報伝達のための記号です」といった答えが即座に返ってくるかもしれません。たしかに、記号や道具としての言葉が、現在の空間を覆い尽くしているかのようです。そして、言葉が「コミュニケーション・ツール」や情報伝達のための記号として機能することを、私は一概に否定するつもりはありません。言葉がそのように機能しなければならない時と場合があることは、充分にとは言いませんが、それなりに心得ているつもりです。しかし、それだけでよいのだろうか、という気がしてならないのです。

まず、言葉が「コミュニケーション・ツール」、すなわち意思疎通のための道具であるとすれば、言葉は意思を疎通させるために使えるモノとしてすでに固定されたかたちで用意されていることになります。要はこれを使いこなせるかどうかだ、というわけです。言葉がそのように便利な道具として用意されているとなると、これを用いたコミュニケーション自体も、この道具を使いこなせる同類どうしの定型化されたものになってしまうはずです。道具となった言葉によるコミュニケーションは、仲間内の型にはまったものへと閉塞してしまうのではないでしょうか。そこからは、異質な言葉を話す他者は排除されます。言葉が、同類どうしの意思疎通の道具に成り果てるとき、それは他者を排除する道具としても機能しているのです。私は、若い世代が携帯電話でのメールの遣り取りに用いる絵文字や符丁にも、仲間内に閉塞した言葉の排他性を感じることがあります。

また、今日の世界は情報で溢れ返っているとしばしば言われますが、それはまさに、世界が情報を伝達する記号としての言葉に満ち溢れていることにほかなりません。しかし、そのことによって、はたして私たち自身は豊かになったでしょうか。むしろ、あまりにも多い情報によって振り回され、それどころか押し寄せる情報の奔流に押し流され、むしろ貧しくなったと感じている人も少なくないでしょう。ベルナール・スティグレールという現代フランスの哲学者は、過剰な情報やイメージを消化しきれなくなって、貧しい判断力や想像力しか持てなくなった現代人の貧困を、「象徴的貧困」と呼んで、それを分析し続けています。あまりにも多くの情報が、イメージのかたちで身近に与えられているために、ドイツのロマン主義の作家ジャン・パウルが「遠い関係を発見する力」と呼んだ想像力が、すっかり麻痺させられてしまうわけです。また、それとともに、情報を批判的に判断する力も殺がれてしまい、結果として、手近に与えられているイメージがそのまま画一化されたかたちで受け容れられてしまうようになります。そのことは、ある特定の、けっして中立的ではない視点から切り取られた現実の断片を、現実そのものと取り違えることにも通じているでしょう。

さらに、こうした現代人の「象徴的貧困」において憂慮されるのは、そのなかで他者のイメージが固定されてしまうことです。他者の異質さが硬直されたかたちで際立たせられて、排除されるべき対象として、他者像が固定されてしまうのです。現代のいわゆる「テロリスト」の像は、おそらくそうして作られたものでしょうし、何よりも危惧すべきことと思われるのは、そうしてアジアの隣人たちのイメージが硬直してしまうことです。これまでにない規模と速度で人々が国境を越えて行き交うこの「グローバリゼーション」の時代にもかかわらず、さまざまな徴候が示すように、人と人を隔てる溝が、かえって深まっているとするならば、その原因の一端は、私たちの言葉がこのように情報伝達の記号に、さらには「コミュニケーション・ツール」という道具に成り果ててしまっていることにあると考えられるのです。

ところで、作曲家の武満徹は、今から三十五年以上も前に発表された『音、沈黙と測りあえるほどに』（新潮社、一九七二年）というエッセイ集のなかで、あまりにも数多くの言葉を手にしたためにかえって貧困になった現代人の姿を先取りするかのように、次のように述べています。「聖書によるまでもなく、言葉は生命《いのち》でなければならない。だが、今日ではどうだろう？／言葉は、単に名附けて区別するだけの役割を背負わされ、痩せた無数の活字たちはキシキシと乾燥した音をうつろにひびかせている。語彙がゆたかになったからとて、果して、何がゆたかになっただろう」。

とりわけ「痩せた無数の活字たちはキシキシと乾燥した音をうつろにひびかせている」という一節は、今日インターネットに繋がったパソコンのディスプレイ上に踊っている言葉のありようを、あまりにも見事に言い当てていて、ぞっとさせられるのですが、今引いた言葉において、武満が何よりもまず言おうとしていることは、世界が言葉で満ち溢れるようになることによって、私たちは生命を表出する言葉に乏しくなってしまっていることです。別の箇所で、言葉を発することは「生命の挙動」であると述べていることからも分かるように、武満にとって言葉とは、自己自身の生命を表現するものです。私たちは、あまりにも数多くの言葉を手にすることによって、生命を表現する言葉を失ってしまっているというわけです。このことは、それぞれの言葉が空虚になってしまっていることを意味するだけではありません。今世界を覆っている言葉を用いることによって、私たち自身が空虚な言葉に自分を奪われてしまっていることをも意味しています。

それどころか、ここ広島の大学で、社会に出ようとしている若い人々の言葉遣いを見ておりますと、世の中の動きに取り残されて、いわゆる「負け組」になるまいと、世界資本の「グローバリズム」が進行する今の世界で飛び交っている言葉に、何とか自分を合わせようとさえしているようです。「ウィン・ウィンの関係」とか「コンプライアンス」とかいった言葉を、臆面もなく講義のリポートにさえ書いてくるのですが、これら片仮名の言葉が実際に意味することがどういうことなのか、またそれは自分にとってどういうことを意味するのか、はたして考えたことがあるのでしょうか。そのことを考えないままに、若い人々が今日の競争社会に身を置くならば、自分自身を孤立させながら、経済的な格差を拡大しつつ資本を増殖させる現在の社会構造に一個の歯車として組み込まれ、摩滅させられるように思えてなりません。

それゆえ、私は折に触れて、自分が使っている言葉の意味を考えてみるよう学生に語りかけるのですが、それはたしかに見方によっては、いわゆる「空気の読めない」反社会的な振る舞いでしょう。しかし、敢えてそうした反社会的なことをするのには、理由がないわけではありません。それ自体としては空虚な言葉に、若い人々をはじめとする人々が振り回され、世界を覆う暴力をはらんだ大きな動きに巻き込まれていく構造には、かつて空虚なスローガンの下で一つの社会が戦争へ突き進んでいった構造と、重なり合うものがあるように思えるからです。そして、戦争を遂行できる「国民」を作ろうとする動きは、今も着々と進められているのではないでしょうか。

このように、言葉が空虚な記号やたんなる道具と成り果ててしまうという危機は、社会の危機と、ひいては人間そのものの危機と一つになっています。そのような現代の危機が、ここ広島において、ヒロシマの記憶の危機となって現われてきているように思えてなりません。「被爆体験の風化」ということがしばしば言われますが、まず問題としなければならないのは、「被爆体験」として被爆者の証言などをつうじて聞き知ったことを、現在の自分自身の問題として受け止め、他者へ向けて語りかける言葉が継承されておらず、また培われてもいないことではないでしょうか。原爆投下後の「すべて人間的なものは抹殺され」た世界を目の当たりにした経験を語る言葉を極限まで研ぎ澄ませた、あの原民喜の代表作「夏の花」を読んだという学生に、これまでの六年間で一度も出会ったことがないという事実に、ここであらためて慄然とせざるをえないのです。

最近新聞でも報じられたように(二〇〇八年二月二一日付中国新聞)、沖縄において剝き出しとなって現われた国家の暴力を問いただすシンポジウムにおいて、現代を代表する思想家の一人である西谷修さんが、時に人を死に至らしめる「観念」に抵抗する言葉や思想を私たちは獲得してきたか、と問いかけておられましたが、まったく同じことが、ここ広島においても問われているはずです。「被爆体験」とされているものを、型にはまった言い方で繰り返すことが「継承」とされるとするなら、ヒロシマの記憶そのものが空虚となり、ヒロシマの名をアリバイに用いる権力の論理に容易に組み込まれ、その一方で、人を死に至らしめる「観念」を美しく彩ったスローガンが幅を利かせることになるでしょう。その徴候はすでに広島において、商業映画などの文化産業を媒介にしつつ現われてきています。拙い仕方ではありますが、このような危機感をもって、私はここ広島で言葉について貧しい考えをめぐらせています。武満徹は、言葉の危機に抗いながら、言葉そのものへ問いを差し向けているのです。武満徹は、言葉は生命そのものの表出であると語っていましたが、言葉は、外的な情報を伝える記号であるばかりでなく、そうである以前に、自己自身の、さらにはその生命の表出として息づくことはないのでしょうか。言葉は、仲間内の閉鎖的で排他的な「コミュニケーション・ツール」と化してしまう前に、自分とは異質な他者と応え合うことはないのでしょうか。広島の歌人のみなさまをはじめ詩人たちの言葉は、あるいは文学者たちの言葉は、言葉そのものをその可能性において考えることを力づけてくれます。これらの人々の詩的な言葉は、時間や空間によって隔てられながらも、他者の声に、場合によってはその沈黙にさえ耳を澄まし、そのなかから一つの世界を立ち上げる言葉の力を感じさせるのです。さらには、「日本語」と呼ばれる制度的な言語の限界をも踏み越えてゆく、詩的な言葉の力強さに打たれることも少なくありません。とはいえ、このように今日かろうじて詩的な言葉のうちに表われているようにも見える言葉の力を、言語にとって本質的なものとして考えようとする際に私が依拠するのは、ベンヤミンの言語哲学なのです。

Ⅱ　耳を澄ます言葉へ——ベンヤミンの言語哲学を手がかりに

先ほど紹介しましたように、ベンヤミンは二十世紀の前半に批評家としても活躍したドイツの思想家です。一八九二年、ベルリンの裕福なユダヤ系の家庭に生まれた彼は、学生時代に当時の青年運動にも関わりながら哲学や美学を修め、研究者として大学に職を得ようとしましたが、挫折し、その後最期まで、今日でいうフリーランスのライターとして糊口をしのぐことになります。一九三三年にドイツでナチスが政権を掌握して以降は、ユダヤ系の彼がドイツ国内で活動するのは困難になりますので、パリへ亡命し、苦しい亡命生活のなかで数多くの評論やエッセイを書き継いでいきます。一九四〇年、ナチス・ドイツがフランスへ侵攻すると、ベンヤミンはイベリア半島を経由してアメリカへ逃れようとしますが、ピレネーの山中でスペインの国境警察に拘束され、道が阻まれたことに絶望して自殺を遂げてしまいます。

そのような生涯を送ったベンヤミンの著作として、日本では、パリ亡命中に書かれた「複製技術時代の芸術作品」あたりが、映像論ないしメディア論の古典としてよく知られていますが、ここでは、彼が最も早い時期に書いた言語論「言語一般および人間の言語について」に注目したいと思います。この論文が書かれたのは一九一六年、ヨーロッパに未曾有の破局をもたらした第一次世界大戦のさなかのことです。二十世紀において戦争は、職業軍人と兵士だけのものから総力戦、すなわち国民全体を動員するものへ変貌していったとしばしば言われるとおり、第一次世界大戦においては、若い男たちが戦線へと駆り立てられ、それ以外の人々も戦時体制に巻き込まれていきました。このとき言葉が、国民意識を煽り、人々を戦争に動員するための道具として用いられたのです。

勇ましく飾り立てられた言葉の喧騒が、いかに多くの人々を「国民」としての死へ煽り立てたかは、戦時中の日本のことを思い返していただければ、お分かりいただけるでしょう。言葉が情報伝達や意思疎通のためのたんなる道具と化してしまうとき、それは人々を戦争に動員するためにも使われうるし、道具としての言葉を操ることしかできない人間は、戦争を行なうための体制に容易に組み込まれうるということを、ベンヤミンは目の当たりにしていたのです。さらにこの当時、言葉そのものが世界の現実にまったく拮抗しえない空虚な記号と化してしまっていることも、フランツ・カフカをはじめとする幾人かの作家が見抜いていました。ベンヤミンは言葉の本質を問うことによって、このような言葉の危機に立ち向かおうとしたのです。

ベンヤミンは、言語の本質に迫ろうとするにあたって、聖書にあらためて立ち返ろうとしています。「初めに言葉があった」という聖書の言葉をご存知でしょうが、ベンヤミンによれば、神は言葉をもって世界を創造しました。そして、人間の言葉は、神の創造する言葉の力をいくらか分かち持っています。創造する力を持った言葉で、最初の人間であるアダムは、地上の事物を名づけていったというわけです。ベンヤミンは、こうして名づける働きのうちに言葉の本質があると論じています。たしかに、名づけることが言葉の本質だというのは、にわかには分かりづらいことでしょう。また、言語を一個の体系として見たり、あるいは言語の伝達機能を重視したりする現代の言語観からするならば、名づけることに言語の本質があるなどというのは、アナクロニズムもはなはだしい、と映るかもしれません。しかし、自分以外のものを名づける働きから言語そのものを見つめ直すとき、言語をその情報伝達の機能から考察したのでは見えてこない、言語の潜在力を洞察できると考えられるのです。

まず、名づけることのうちに創造する力が含まれているということは、たとえベンヤミンと聖書の伝統を共有していなくとも、とくに詩的な言葉がそうであるように、言葉には一つの世界を立ち上げる力がある、というところから理解できるのではないでしょうか。例えば、幼い子どもは、言葉を覚え始めると、周囲にあるものを一つひとつ、その子どもなりに名づけ始めます。そのときこの子どもに、自分が生きる世界が、徐々に分節されながら、一つの現実として立ち現われてくるのです。言葉を覚え始めた子どもにとっては、世界はもはやカオスではなく、だんだんと秩序づけられていく一つのコスモスとして、よりリアルに立ち現われてくるわけです。また、そのような一人の人間の個体発生的なプロセスは、人類全体の系統発生的なプロセスを繰り返しているところもあるのかもしれません。太古の人間も、自分が生きている環境のなかにあるものを一つひとつ名づけることによって、事物のリアリティを経験しながら、自分の環境をもはやたんなる生物学的な生存の環境としてではなく、一つの世界として捉えていったのではないでしょうか。そのようにして太古の人間は、自然の力と立ち向かい、厳しい環境のなかで生きていく可能性を模索していったのかもしれません。

さらに、詩的な言葉が何ものかを名づけるとき、その打ち込みは、一つの世界を読む者の前に現出させます。その世界とは、これまで慣れ親しんできたものが、異形の相貌とともに立ち現われてくる場でもありうるでしょう。そうした世界を開く詩的な言葉は、たんに読者に独特の世界を楽しませるばかりでなく、読み手の世界観を一変させるほどのインパクトをも持ちうるのではないでしょうか。そして、先ほど申しましたように、今日とりわけ大人たちのあいだでは、一つの世界をリアルに立ち上げる言葉の創造力は、こうした詩的な言葉の力のうちにかろうじて息づいているのかもしれません。ともあれベンヤミンは、名づけることに言語の本質があると述べるとき、そうした言葉の創造力を、言語の本質を成すものと考えているのです。

このように、ベンヤミンは、言葉そのものに一つの世界を開く力を認めながらも、言葉の創造力は、神ならぬ人間にあっては完全には発揮されえないとも述べています。地上の人間が、事物を名づけたり、他人の名を呼んだりすることは、全面的に能動的ではありえないというのです。たしかに世界を創造する神においては、言葉は完全に能動的に語り出されているかもしれません。しかし、私たちが事物を名づけ、他人の名を呼ぶ際には、私たちの語りかけに先んじて、それらがすでに存在していることを認めています。ベンヤミンによると、私たちはこのとき、これら自分とは異質な存在を受け容れ、その語りかけを受け止めています。つまり、語ることには聴くことが先立っているのです。

私がこの講演の表題を「耳を澄ます言葉へ」としたのも、このようなベンヤミンの洞察にもとづいています。彼によれば、一つの世界をリアルなものとして立ち上げる言葉の力は、他のものからの語りかけを聴くなかでのみ発揮されます。言葉の最も内奥のところには、耳を澄ます力があるのです。そのような洞察は、現在世界を覆っている言葉のありようとともに、それを用いる私たち自身を問いただすものでもあるかもしれません。私たちのあいだでは、一方的に情報を流し、欲望や憎悪を煽る言葉ばかりが飛び交ってはいないでしょうか。それに振り回されて、私たち自身が聴く耳を失ってはいないでしょうか。もしかして「ヒロシマ」の記憶を語る言葉さえも、一方的に語ることだけを志向する、型にはまったものになりかけてはいないでしょうか。

さて、ベンヤミンによると、このように自分以外のものからの語りかけに耳を澄ますことにもとづいて語ることは、世界と応え合う関係を築くことでもあります。名づけることに言葉の本質を見るベンヤミンは、言葉が、仲間内ですでに成立しているコミュニケーションの道具として機能する以前に、自分とは異質な他者とのあいだに新たなコミュニケーションの可能性を切り開く力を具えていることを見抜いているのです。他者の存在を認め、その他者に名を呼ぶなりして語りかけること、それは他者とのあいだに、言葉を交わし合える、少なくとも殺し合うことのない関係を築こうとすることにほかなりません。

例えば、他人の名を呼ぶとき、挨拶をするとき、あるいは子どもが泣き叫ぶときもそうかもしれませんが、言葉は何か具体的な情報を伝えるわけではありません。そうではなく、自分自身を差し出しながら、他者とのあいだに応え合う回路を切り開こうとしているのです。あるいは、事物を新たに詩的に名づけるときにも、私たちは、世界のうちにあるものたちと応え合い、響き合う、交感とも言うべき関係を探ろうとしているのではないでしょうか。言葉の本質を名の呼びかけに見るとき、ベンヤミンは、あらゆる発語の根底に、こうして新たなコミュニケーションの回路を開く働きを見て取ると同時に、言葉そのものに、他者とのあいだに新たな関係を築く力を認めています。言葉には、自分とは異質な他者と応え合い、世界と響き合う回路を切り開く力があるのです。ただし、先に述べたように、この力はあくまで聴くことにもとづいているのです。

ベンヤミンによると、語ることの根源にある聴くことは、沈黙に耳を澄ますことでもありえます。言葉を語ることは、他者が沈黙において語りかけてくるものを聴き届けて語り出すことでもあるというのです。たしかに沈黙とは、自分と他者のあいだの断絶を突きつけるものです。そして、その断絶は究極的には埋めることができないでしょう。意味をなす言葉が聴こえてこない、いや何も語りかけてこないかのように見える、それどころか語ることを拒んでいるようですらある沈黙、それに身を曝すことが、いったいどのように語ることと結びつくのでしょうか。

ここ広島でこの問題を考える際に手がかりとしてみたいのは、社会学者の直野章子さんが、「原爆の絵」として知られる、広島の原爆被害者たちが、自分たちが経験した被爆直後の惨状を描いた絵を論じた文章です。これはたしかに、ベンヤミンが言葉一般のことを論じているのとは次元の異なる問題に触れたものではありますが、言葉自体の問題とけっして無関係とは思えません。それに、今ヒロシマを語る可能性を考える際に向き合わなければならない、きわめて重要な問題に触れていると考えられますので、ここで少しのあいだ、直野さんが書かれた『原爆の絵と出会う――込められた想いに耳を澄まして』（岩波ブックレット、二〇〇四年）で論じられている、ある論点に目を向けてみたいと思います。

「原爆の絵」というと、そこには被爆者たちが経験した光景がありありと描かれている、と私たちは考えがちです。とくに、「絵」と聞いただけで、そこに何かが描かれていると思ってしまいます。

しかし、そのように「原爆の絵」をたんに「絵」と見てしまうと、大切なことを見落としてしまうと直野さんは述べています。ここにお集まりのみなさまを前にして言うまでもないことなのかもしれませんが、「原爆の絵」と呼ばれているものには、根本的に描けないものが描かれていること、一枚一枚の絵は、実は深い沈黙のなかから浮かび上がっているということです。少なくとも、「原爆の絵」に描かれているのは、私を含め原爆を経験していない者の想像を絶する世界であることは間違いありません。被爆者たちが思いを込めて描いた一枚一枚の絵は、見る者の胸を締めつけながら、その想像力を掻き立てるとはいえ、原民喜が「夏の花」のなかで「パット剝ギトッテシマッタ　アトノセカイ」と表現した世界を、それ自体として思い描くことはできませんし、またそれを安易なイメージに閉じ込めて、分かったつもりになることも、もちろんできません。

その一方で、原爆を体験した人々も根本的に描くことのできない出来事を絵に描こうとしているわけですし、それどころか、一枚の「原爆の絵」を描きながら、どうしてもそこに描き込むことのできない記憶を胸中に抱き続けている原爆被害者もいます。「原爆の絵」を描いたり、証言活動を行なったりしながら、どうしても絵に描けない、言葉にできない「あの日」の記憶が、時の流れに逆らうかのように襲ってくるのに今も苛まれている体験者たちがいることを、さらにはそうした記憶を胸に秘め、生き残ることそれ自体の痛みに耐えながら、今も沈黙を守っている体験者たちがいることを、けっして忘れることはできません。そして、そのことに思い至ることはたしかに、原爆を体験することなく生きている者に、自分と原爆被害者のあいだの断絶を突きつけることでしょう。

しかし、直野さんは、原爆被害者一人ひとりに寄り添うようにして、「原爆の絵」の下地とも言うべきこうした問題を論じた文章のなかで、この断絶にしっかりと向き合うところから始める可能性を語っています。今を生きている私たちと、未だ過ぎ去ることのない過去を今も生きている被爆者とのあいだにある断絶に向き合い、それが突きつける沈黙に耳を澄ますなかからこそ、被爆の記憶を安易に「ヒロシマの心」などといった決まり文句に回収せずに、その記憶を受けとめる可能性が開かれてくるというのです。そうしてこそ、原爆被害者たちと言葉を交わし、心を通わせ合って、被爆の記憶を新たなかたちで受け継いでゆく、広島では一般的に「継承」と呼ばれている営みへの道筋が開かれてくる、そう直野さんは論じています。

それが具体的にどのようなかたちでありうるのか、ここで安易に申し上げることはできません。ただ、敢えて断絶に身を曝し、沈黙に耳を澄ますなかからこそ、今ヒロシマを語る言葉が生まれうるということは、申し述べておきたいと思います。先ほどその言葉を引いた武満徹は、作曲家として自分自身の音を追求するなかで、こう述べています。「私たちの生きている世界には沈黙と無限の音がある。私は自分の手でその音を刻んで苦しい一つの音を得たいと思う。そして、それは沈黙と測りあえるほどに強いものでなければならない」。「沈黙と測りあえるほどに強い」言葉、それはここ広島でも、違った意味で求められているのかもしれません。その強さは、たんに力強いというよりも、沈黙と対峙する経験から、言わば鍛え出されてくるのでしょう。そして、その強さは、ベンヤミンが論じている言葉そのものの力を呼び覚ますものでもあるのではないでしょうか。沈黙ですらある、自分とは異質な他者の語りに耳を澄ますなかから、一つの世界を立ち上げ、この他者とのあいだに回路を切り開く言葉の力、今ヒロシマを語ることは、私にとって、そのような言葉の本質的な力と結びつけて考えられるべき事柄です。そうすることによって、普遍的であることを志向して片仮名で書かれる「ヒロシマ」の名も、世界と響き合うようになるのではないでしょうか。

ところで、ベンヤミンは、これまでその内容を紹介してきた「言語一般および人間の言語について」を書いた数年後に、このように異質な他者と応え合う言葉の本質的な力を呼び覚ましながら言葉を語ることは、今日のように言語の記号化と道具化が進行した世界においては、制度化された言語の枠を突き破って語ることだとも述べています。逆説的に聴こえるかもしれませんが、真に言葉を語ることは今、言語を破壊することであり、それを潜り抜けるなかにこそ、絶えず新たに生まれ出る言葉が息づくというのです。ここで付け加えておきますと、各国語の多くが、そして日本で「国語」とも呼ばれる日本語はとくに、近代国家の形成過程において人工的に作り出されたものです。日本語が「国語」として整備されたのは明治に入ってからのことで、すでに何人もの研究者が明らかにしているように、日本列島にあった話し言葉や書き言葉の多様性を抑圧するかたちで、「国語」は「日本国民」のアイデンティティの核をなすものとして制度化され、日本の植民地となった地域の人々を含む人々に強制されていきました。つまり、「国語」はけっしてニュートラルな体系ではなく、暴力を含んだ歴史的な制度なのです。それゆえ、一時期ブームになったように、真の「日本語」なるものを想定してそれに寄りかかるのではなく、むしろその制度を乗り越えるかたちで語ってこそ、私たちは他者と応え合い、世界と響き合う言葉の生命を取り戻すことができるのではないでしょうか。私には、ベンヤミンはそのように私たちに問いかけているように思えます。そして、私はここで、制度的な言語を乗り越えるかたちで語ることを、歌うということに結びつけて考えてみたいと思います。

興味深いことに、武満徹は、言語の制度を突き抜けて語り、そうすることで言葉にその生命を取り戻させることを、「どもる」ことを出発点に考えています。武満はこう述べているのです。「どもりは伝達《コレスポンデンス》の父であり母である。どもることでもう一度言葉の生命を噛みしめてみる。観念の記号に堕した言葉にふたたび本来の呼び交うエネルギーを回復するために」。私自身もよく吃ってしまいますが、「どもる」ことは、一般的に自然に聴こえる言葉の流れを遮断してしまうところがあります。そうして言葉に詰まり、立ち止まってこそ、私たちは、時に沈黙であるような他者の語りかけに耳を澄ますことができるのかもしれません。また、吃ることで言葉の流れが遮断されるとき、制度化された言語の論理も変調させられてしまいます。そのような経験のなかから語り出される言葉のうちにこそ、言葉そのものの「呼び交うエネルギー」が取り戻される、そう武満は考えているわけです。こうして語られる言葉は、たしかに外面的には、すでに語られた言葉を繰り返し用いるものであるでしょう。しかし、そこにあるのはたんなる繰り返しではありません。その言葉は、他者と向き合う経験のなかで、新たな生命を吹き込まれているのです。

武満は、このような印象的な言葉を残しています。「どもりは、あたりまえのことすらもあたりまえには言えない。発声のたびに言葉と格闘しなければならないからだ。そして、ちゃちな論理というものを壊してしまう。言葉をまず肉体のものにする。どもりは同じ繰りかえしをすることができない。いつでも新しい燃料で言葉のロケットを発射しなければならない。月に当るか星へ飛ぶのか、そんなことは知らない。飛べば何とかなるのである。ぼくらにはおなじように聴こえても、どもりも鳥も、いつも同じことはくりかえさない。その繰りかえしには僅かのちがいがある」。「どもる」なかから、制度的な言語の「ちゃちな論理」を壊すかたちで、「僅かのちがい」をもって語ることを、武満なら「うたう」こととも呼んだでしょう。そして、私たちが今歌う可能性も、このようにして語ることのうちに求められるように思われます。その出発点にあるのはやはり、言葉に詰まるような仕方で、沈黙ですらある他者の語りに耳を澄ますことです。私たちは、自分が語る言葉のうちに聴く耳を取り戻さなければならないのではないでしょうか。そのために、ある意味で言葉に不器用になることが、私たちが言葉そのものの力を取り戻しながら語ることに、さらには今ヒロシマを語り、歌うことに通じているのではないでしょうか。

この講演に「耳を澄ます言葉へ」という一見逆説的な表題をつけたのも、そのような問題意識があってのことなのです。語るはずの言葉が耳を澄ますなんて、そんな馬鹿な。そう思われるかもしれません。しかし、自分とは異質な他者からの語りかけに耳を澄まし、時にその深い沈黙にも身を曝すなかからこそ、一つの世界を立ち上げ、他者とのあいだを切り開く言葉が語り出されてくるのではないでしょうか。しかも、これまで身につけてきた言語を揺さぶるような歌というかたちで。このような仕方で言葉が生まれるなかでこそ、言葉そのものが具えている力が回復されるのではないでしょうか。ここまでおおよそこのようなことを、私が研究しているベンヤミンの言語哲学にもとづきながら、また武満徹の言葉についての省察も参照しながら、お話ししてまいりました。私としては、こうしてようやく、今ヒロシマを語り、歌う可能性を考える出発点に立ったことになります。

Ⅲ　今ヒロシマを語り、歌うことへ

さて、先にヒロシマを語ることに触れて、私たちは今、西谷修さんが沖縄で発した、時に人を死に至らしめる「観念」に抵抗する言葉や思想を獲得してきたか、という問いに向き合わなければならないのでは、と申し上げました。その際におそらく、私たちがこれまで、原爆投下の直後からヒロシマを問い、語り続けてきた言葉をどのように受け継いできたか、ということも問われなければならないでしょう。私は、先ほどからその名を挙げている原民喜の作品をはじめ、ヒロシマを思い、語り続けた詩および文学の営みを、新たに見つめ直すことが必要ではないか、と考えております。それは一般に「原爆文学」とも総称されますが、そうした分類名称に囚われることなく、そこにある詩作そのものをあらためて辿り直すことが必要なのでは、と思うのです。とりわけ、原民喜の名すら忘れられつつあるここ広島においてこそ、これまでヒロシマがどのように語られてきたのか、読み直されなければならないのではないでしょうか。と申しますのも、過去にヒロシマを問い、語り続けていた言葉は、今なお鮮烈な響きを保っていると同時に、今ヒロシマを語る言葉を培う糧となりうるものを数多く含んでいると考えられるからです。ちなみに、最近その恰好の入り口にもなりうる詩のアンソロジー『原爆詩一八一人集』（コールサック社、二〇〇七年）が刊行されました。

私自身は、六年前に広島へ来る際に、原民喜の作品のいくつかと出会い、強い衝撃を受けました。私が東京で住んでいた場所のすぐ近くで、彼が一九五一年に自殺を遂げていたことも衝撃的だったのですが、それ以上に、彼が自分の言葉を極限まで突きつめ、研ぎ澄ましているのに心を動かされました。原民喜というと、彼自身の被爆体験を美しい日本語の散文にまとめ上げたとしばしば評されますが、それは少し違うのではないか、と思います。もちろんそうした面もありますし、彼がそれまでの日本の文学の伝統に連なろうとしている部分があるのも確かです。しかし私は、原民喜の作品のうちに、いわゆる「日本文学」としての美質を越える要素を見ないわけにはいきません。「夏の花」を書き上げた四年後の一九四九年、原は「鎮魂歌」という作品を書き、発表しています（いずれも、原民喜『夏の花・心願の国』新潮文庫、一九七三年、所収）。私はとりわけこの作品のなかに、今いくつか挙げた文学上の分類をはみ出してしまうところまで、言葉が追い込まれているのを見ています。

原民喜をそこまで駆り立てているのは、彼自身の記憶であり、「それらの声は戻ってくる」と語られるように、その記憶から聴こえてくる死者たちの呼び声です。彼は、「夏の花」のうちに描き取った被爆の経験、そして壊滅した街をさまよい歩いた経験の記憶が、無念の死者たちの嘆きの声とともに、自分の脳裡に甦ってくるのに正面から向き合い、それをみずからの言葉のうちに掬い取ろうとしているのです。その姿はさながら、死者の記憶が時の流れに逆らいながら、とめどなく湧き上がってくるのを、文学者の生命を懸けて、言葉で受け止めようとしているようですらあります。

そうした自分自身を語るかのように、原は「鎮魂歌」のなかでこう書いています。「自分のために生きるな、死んだ人たちの嘆きのためだけに生きよ。僕を生かしておいてくれるのはお前たちの嘆きだ。僕を歩かせてゆくのも死んだ人たちの嘆きだ。お前たちは星だった。お前たちは花だった。久しい久しい昔から僕が知っているものだった。僕は歩いた。僕の足は僕を支えた。僕の眼の奥に涙が溜るとき、僕は人間の眼がこちらを見るのを感じる」。とくに、「僕の眼の奥に涙が溜るとき、僕は人間の眼がこちらを見るのを感じる」という最後の一節は、峠三吉の「眼」という詩と通底するものを感じさせますが、そこでもこの死者の「眼」は、生者を呼び止めるものでした。その呼び声に応え、その眼を見つめるなかで、原は死者たちの世界と、自分がいる「ここ」とに引き裂かれていきます。「鎮魂歌」のなかで最も異常とも見える一節を引いておきましょう。「僕をつらぬくものは僕をつらぬけ。僕をつらぬくものは僕をつらぬけ、一つの嘆きよ、僕をつらぬけ。無数の嘆きよ、僕をつらぬけ。僕はここにいる。僕はこちら側にいる。僕はここにいない。僕は向側にいる。僕は僕の嘆きを生きる。僕は突離された人間だ」。

残念ながら、深淵の上を渡り歩くかのように綴られ、極度の緊張感を湛えたこの一節の前に、これ以上留まることはできません。ここでは、「こちら側」と「向側」に引き裂かれるなかから、「夏の花」のなかでも「パット剝ギトッテシマッタ　アトノセカイ」といったかたちで現われていた原独特の片仮名書きの詩が歌い出されていることに注目しておきたいと思います。「鎮魂歌」には、「断末魔ノカミツク声／ソノ声ガ／コチラノ堤ヲノボロウトシテ／ムコウノ岸ニ　ニゲウセテユキ」といった詩節が見られますが、原はその声に噛みつかれてしまったかのようです。自分に噛みついて離れない記憶の光景、自分を刺し貫く嘆きの声、それらを、自分を捕らえるそれらの力もろとも言葉に定着させるために、原はここで片仮名書きの言葉遣いを用いて、従来の詩の美しさを越えた詩の強度を発揮させているのではないでしょうか。おそらくは深い沈黙のなかから聴こえてくる死者たちの声に耳を澄ます経験から、このように苦く歌う崇高な詩の言葉に、またそれを含み込んだ「鎮魂歌」といった文学作品に結晶してゆく、原民喜の生命を懸けた言葉の試みをはじめ、これまでヒロシマを語ってきた文学者たちの言葉の試みが、今あらためて見つめ直されるべきだと考えられるのです。

もう一つ、今ヒロシマを、広島の外へも届くよう、日本語ならそれこそ片仮名書きで語る可能性を考えようとするとき、喫緊の課題と思われるのが、広島の外から聴こえてくる受苦者たちの叫びの声に耳を澄まし、それに呼応することです。そのような応答のなかでこそ、ヒロシマが新たに問われ、見つめ直されるはずです。いや、ヒロシマは今、そのようにしてこそ見いだされうるのではないでしょうか。昨年の夏に、広島に住みながら音楽および文化の卓越した批評家として活躍を続けておられる東琢磨さんが、広島の街を、それこそ地を這うように遊歩した経験にもとづいて、「ひろしまの子」と彼が呼ぶ世界の受苦者たちの声に開かれたヒロシマの、国家の暴力からの独立を論じる『ヒロシマ独立論』（青土社、二〇〇七年）を発表されましたが、そのなかで東さんはこう述べておられます。「もし、これからも広島が被爆体験を語り続けていくという決意を揺るがさないのであれば、その立場をより明確にしていかなければ、語りが届く契機を失い続けていくことになる。語ることだけでなく、むしろ、語り続けていく努めには、コインの表裏のように、エドゥアール・グリッサンがいう、『世界の叫び』を聞く努めが重くはりついている」。ちなみに、グリッサンは、カリブ海のマルティニック諸島出身の現代を代表する作家で、世界作家会議の代表として「世界の叫び」を受け止める「避難都市」の構想を示した人物でもあります。

私たちはここ広島で、世界の受苦者たちの叫びに耳を開き、それに呼応するかたちでヒロシマを語りかける言葉を耳にすることがどれほどあるでしょうか。マス・メディアをつうじて声高に聴こえてくる言葉の多くは、むしろヒロシマを一方的に語り、しかも型どおりに自己正当化のフレーズを繰り返すものではないでしょうか。そのようななかで、ヒロシマの叫びが届かない、などという声を耳にするとき、私は暗澹とせざるをえないのです。ヒロシマの名が唯一無二であるとともに普遍的であることを、私はけっして否定するつもりはありません。しかしながら、唯一無二にして普遍的であるというヒロシマの特異性は、「世界の叫び」であるような他者の声に耳を澄ますなかで、新たに発見されるはずですし、他者たちのあいだでこそ際立つはずです。そして、ベンヤミンが述べていたように、他者の語りかけに耳を澄ますなかから語り出される言葉が、他者とのあいだに言葉を交わす回路を切り開く力を持ちうるのではないでしょうか。他者の声に耳を澄ましながらヒロシマを見つめ直すとき、私たちはヒロシマを、今も世界に谺《こだま》する受苦者たちの叫びと、広島で被爆した死者たちの叫びとが、時間と空間の隔たりを越えてポリフォニックに響き合う、可能性の場として見いだすことができるでしょう。そのような可能性の場としてのヒロシマは今、闘い取られなければならないものとしてあるようにも思われます。

このように、広島の現在に対する一抹の危機感を抱きながら、聴くことを起点にヒロシマを語る可能性を考えるなかで、冒頭でも述べましたように、『原爆遺跡を詠む』をはじめとする歌集に収められた広島の歌人の方々が詠む短歌には大いに力づけられています。とくに『原爆遺跡を詠む』に収められた歌のいくつかには、原爆遺跡という記憶の場に佇みながら、死者たちの沈黙に耳を澄まし、それに今応える言葉を短歌のかたちに凝縮させることによって、私たちの広島のイメージを一変させるような力があるように思われました。私という短歌の素人にとって印象的だったものを、そこから二首引いてみます。「被爆せし校舎に残る開かずの戸開けなば列をなし死者入り来給ふか」(東木の實)。「耳となりまなことなりて生きてゐん被爆樹木に啼く夏の鳥」(光岡詔子)。今の広島に対する強い問題意識とともに原民喜の名を想起する、次の一首も加えておきましょう。「終焉は鉄路の上に身を置きし民喜の無念思いみるべし」(相原由美)。他にもここにご紹介したい歌がいくつもありました。そのように、どちらかというと密やかな歌のかたちで、耳を澄ます言葉がここ広島で発せられ続けていることを、私はとても心強く思うのです。

死者の沈黙を含めた他者の声に耳を澄ますこと、それは他者の語りを自分自身のうちに引き入れ、自分のこれまでの語り方を変調させることです。ベンヤミンは、そのようにして「日本語」を含めた制度的な言語を突き抜けるかたちで語る可能性を示唆していました。おそらく、歌うということそれ自体のうちにも、言語の制度を、あるいは芸術のジャンルに内在する因襲と化した形式を打ち破る力が、根源的に具わっていることでしょう。そして、そのような力は、他者の声と自分自身の肉体の内奥で応え合うなかから生まれてくるのではないでしょうか。音楽を愛好する者として、やや直観的にではありますが、歌とその力についてそのように考えています。

とはいえ、短歌という歌う形のことを思うとき、「うたう」ことを最も愛した作曲家の一人である武満徹が琵琶について語った、次の言葉を忘れることはできません。「私は琵琶をはじめて使ったのだが、伝統的な邦楽がいかに修練を重ねたものであるかということをいまさらに知った。厳格に語りつたえられた仕方だけをまもって、言いつたえられた音だけを弾じる。それは、いうなれば狭い不自由の世界だが、それだけに、音を撥《だ》すときの自由は大きく強いのである」。もしかすると短歌を詠むこともまた、私たちの歌を、武満が「狭い不自由の世界」と呼んだところを敢えて通過させることによって、歌の自由を、より凝縮された力強さをもって発揮させることができるのかもしれません。このことは、多かれ少なかれあらゆる歌う形式について言えるのかもしれませんが、とりわけ短歌には、他者の声に呼応する経験を、短い言葉へ研ぎ澄ますことによって、歌う自由をより力強く発揮させてほしいところです。

それは、従来の伝統的な形式を墨守することでも、「日本語」なるものの美しさを流麗な歌に乗せることでもありません。むしろ逆に、一見不器用な仕方であれ、そうしたものをみずからの言葉で越えることです。私はそのような越境のうちにこそ、歌とその自由を感じるのです。ここにお集いの、現代において短歌に取り組んでおられるみなさまが、そのように力強く歌うことによって、言葉そのものが具えている力を呼び覚ますことを願ってやみません。他者の声に耳を澄ますなかから、一つの世界を立ち上げ、他者とのあいだに新たな回路を開く言葉の力、それは短歌を詠むことによっても、私たちに取り戻されうるのではないでしょうか。さらに、ここ広島では、歌うことをつうじて、時空を越えて複数の声が響き合う場として、ヒロシマを見いだすこともできるはずです。このたびの広島での短歌大会が、そのきっかけになることを心から願っております。そのような願いをみなさまにをお伝えして、私の拙いお話を結びたいと思います。長い間のご静聴に心からの感謝を申し上げます。

追記

本稿は、二〇〇八年三月一九日に広島市のアステールプラザ多目的スタジオで開催された日本短歌大会in広島で行なった講演の原稿である。本書に収録するにあたり、書誌情報を加え、字句の一部を修正した。この講演をきっかけに、東木の實さんや下江光恵さんを中心とする広島の歌人の方々の集まりにたびたびお招きいただき、拙い話をさせていただいたりして、歌人の方々との交流の機会を持てたことは、広島で言葉の可能性を考えるうえできわめて貴重な経験であった。この場を借りて心から感謝申し上げる。本稿は、ベンヤミンの言語哲学の解釈を軸に議論を組み立てているが、それについての詳細、さらにはベンヤミンの思想についての研究のその後の深化に関しては、拙著『ベンヤミンの言語哲学——翻訳としての言語、想起からの歴史』(平凡社、二〇一四年)をご参照いただけると幸いである。

芸術の力で死者の魂と応え合う時空間を

——被爆七十周年の広島における表現者の課題——

シェイクスピアの『リア王』において主人公のリアは、嵐に身を曝《さら》して怒りを爆発させたのを決定的な契機として狂気に陥る。そして、彼の現実が崩れていくのと軌を一にして、彼の二人の娘の手に渡った王国も滅んでいく。殺害された末娘の遺骸を抱くリアの目に映る凄惨な破局は、物語のうえでは一つの王国の滅亡を告げるものではあるが、それは同時に、世界そのものの崩壊をも象徴しているように思えてならない。

人間は、みずからの悪や狂気によって、自分の世界を破滅へ導いてしまう。そのような人間の根本的な愚かさを仮借なく描くシェイクスピアの悲劇を基に、広島出身の作曲家細川俊夫は、オペラ《リアの物語》（原題は“Vision of Lear”、一九九八年初演）を書いている。二〇一五年一月三〇日と二月一日に広島市のアステールプラザで行なわれたその広島初演へ向けて、主催組織であるひろしまオペラ・音楽推進委員会の委員の一人として、プログラム・ノートを執筆したり、日本語字幕の制作をお手伝いしたりした。

今回の《リアの物語》の公演は、能舞台を使って行なわれた。このことは、夢幻能の精神を生かすかたちで書かれた細川のオペラにとって必然的とさえ言えよう。能に触発された振り付けや舞台演出を行なっていて、細川の《班女》の舞台も手がけたこともあるルーカ・ヴェッジェッティによる演出は、能舞台に相応しい簡素さと象徴性を兼ね備えたもので、それによって、沈黙と発語のあわいにある息遣いを独特の歌として響かせる細川の音楽が生かされるなか、恐ろしいまでの静けさに貫かれた悲劇が繰り広げられた。

このような舞台を届けてくれたヴェッジェッティがある時、広島の地に漂う魂たちも集まってくるような舞台を創りたいと語っていたのが心に残っている。その言葉は、広島で、その能舞台と向き合うなかで発せられたひと言だった。夢幻能においては、ある時の間《ま》に出現する死者の霊魂が、みずからの生を、そこにある苦悩を、凝縮されたかたちで物語る。その言葉が立ち上がるとき、死者とともにある空間が、舞台上の演者と観客のあいだに開かれることを念頭に、彼はそう語ったのだろう。

細川の《リアの物語》では、強烈な打撃音によって時の流れが垂直的に断ち切られたところに生まれる間《ま》から歌が響き始める。先日の公演でも、これに共振する空間が、生者の世界の裂け目として開かれたわけだが、そこには、今から七十年前の広島で世界の崩壊のただなかにいた死者の魂が回帰していたにちがいない。こう考えるとき、どうしても思い出されるのが、人々の顔貌に「生の割れ目」が見えるまでに、原爆の犠牲となった死者の嘆きに刺し貫かれるなかから、それを反響させる原民喜の「鎮魂歌」である。

この長編詩において原は、死者の記憶が不意に甦ってくるのに耳を澄まし、言葉をその嘆きが谺《こだま》する媒体に変えているが、そのような「鎮魂歌」がその詩としての強度において響くところにも、死者とともにある場が開かれるだろう。あるいは、被爆という出来事の核心に迫った視覚芸術が、その衝迫力を発揮するところにも、その出来事の中心に巻き込まれた死者の魂が回帰しうるにちがいない。

芸術の力を発揮させることによって、広島の街に今も漂う鎮まることのない魂たちが集う場を、死者を忘却しながら破局を繰り返してきた歴史の流れを中断させて今ここに切り開き、爆心地という世界の崩壊のグラウンド・ゼロで、死者とともに生きられる世界を再構想する出発点に立つこと。これが被爆から七十年の年に、広島の地で表現に携わる者に課せられていることではないかと考えている。

追記

本稿は、広島芸術学会の会報第一三二号（二〇一五年二月発行）の巻頭言として書かれたものである。

第二部

映画から問う平和と文化

「平和」の摩滅に抗する映画の経験へ
――ヒロシマ平和映画祭二〇〇七へ向けて――

広島は「平和都市」と言われている。広島市は実際、「国際平和文化都市」を自称している。しかし、その広島で「平和」という言葉が最近とみに擦り切れてきたように思えてならない。

広島で「平和」を語ることは、ヒロシマを記憶することと深く結びついている。ヒロシマを記憶すること、それはヒロシマの経験を現在との関係において不断に見つめ直すことであろう。それをつうじて、今平和とは何かということを掘り下げてこそ、「平和」という言葉は人を立ち止まらせる力を持ちうるのではないだろうか。先日レバノンでの数次にわたる戦争を生き延びたパレスティナ難民が広島を訪れ、原爆によって広島の人々が受けた苦しみに、手段と規模こそ違え、自分たちが受けている苦しみと通底するものを感じると話していた。そのように語りかけられる今、ヒロシマの経験とは何か、そして平和とは何か。これを問い直してこそ、広島から現在の世界へ「平和」を語りかけることができるはずである。

しかし、広島では今、このような問いを欠いたまま、「平和」という言葉が使い古され、その綻びから、かつて「軍都廣島」を支えていたものが形を変えて顔をのぞかせているように見える。イラク戦争の民間人犠牲者とほぼ同じ数の自殺者を毎年出している社会のなかで「自己責任」を語り、みずからを新自由主義的な競争へ駆り立てることで孤立を深め、国家による動員の対象に自分を変えているのは、あるいは広島市内で起きた少女殺害事件をめぐる報道などが示したように、マスコミとともに血に飢えたかのように「死を」と叫び、「厳罰化」の流れを作って自分を管理する権力をみずからの手で強化しているのは、まさに「平和教育」を受けた者たちなのだ。広島で「平和」という言葉は今、暴力に満ち、戦争へ向かいうる社会構造が身近で拡大再生産されている状況を問う力さえ持ちえていない。

しかも、その二文字を目にしない日はないくらい「平和」が広島の街に溢れ返っているあいだに、「有事法制」が整備され、教育基本法が改悪されて「平和憲法」が骨抜きにされたばかりか、憲法そのものが、「国民」を戦争に動員することを可能にするものへと、その意味を捩じ曲げられようとしている。新たな戦争へ向けてひた走る流れに、今や広島の人々も呑み込まれようとしているのだ。では、そのような流れに立ち向かう思考を喚起しうるものとは何か。その一つに映画があるのではと思い、現在、ヒロシマ平和映画祭の開催に向けた活動に関わっている。

有名なところではアラン・レネの『ヒロシマ・モナムール』(一九五九年)、新藤兼人の『原爆の子』(一九五二年)、深作欣二の『仁義なき戦い――広島死闘編』(一九七三年)など、広島を舞台とした、またヒロシマの経験を主題とした映画は数多く作られてきたし、今も作られている。娯楽性を持った映画のなかにも、核や戦争の問題を鋭く抉り出すものがあるし、原爆を扱った映画のなかには、今では忘れられた優れた作品も少なくない。こうした映画を集めて上映し、戦争の記憶の風化に抗おうと、被爆六十周年の年に始められたのが、ヒロシマ平和映画祭である。今年八月下旬に開催される第二回の映画祭は、映画によって「いくつもの広島《ヒロシマズ》」を照らし出そうとしている。

被爆する以前の広島は、数多くの移民を海外へ送り出す一方、とくに戦時中には数多くの朝鮮や中国の人々を酷使した街であった。また今の広島は、全国でも類を見ないほど警察が強い権力を振るう街でもある。こうした「平和都市」のイメージが覆い隠してきた広島の姿を見つめ直すことなしに、新たなファシズムをその根幹から問いただすことはできまい。また、広島の外から捉えた「ヒロシマ」の姿に触れることも、ヒロシマの経験を今のグローバルな動きと関係づける道を開くために不可欠であろう。そう考えながら現在、地元の映画制作者をはじめ、さまざまに映画に関わる人々と上映作品を選んでいる。

その過程でいくつもの優れた映画や映像作品に触れられたのは、得がたい経験であった。なかでも強烈な印象を残したのが、比嘉豊光の『島クトゥバで語る戦世《いくさゆ》』(二〇〇三年)。沖縄戦を生き延びた人々がその経験を、沖縄諸島に伝わる自分たちの言葉、「島クトゥバ」で証言するのを記録したドキュメンタリーである。「島クトゥバ」のうちにこそ生々しく甦る戦争の記憶、それはしばしば語りを中断させる。そのさまを捉える映像は、時の流れを止め、見る者を未だ終わることのない戦争に向き合わせるのだ。

こうした、今に屹立しながら、戦争や核の問題を今ここの問題として照らし出す映像作品を上映することをつうじて、新たな戦争へとファシズムが浸透していく現在の流れに立ち向かう思考のきっかけを、擦り切れた「平和」の街のなかに創ること。そこへ向けたささやかな活動を、広島に来て五年目の年にようやく始めたところである。

追記

本稿は、筆者の出身地である鹿児島の市民運動誌『まちづくり8・6ニュース』第一五五号（二〇〇七年四月発行）に掲載された「『平和』の摩滅に抗する映画の経験へ――ヒロシマ平和映画祭という試み」を、表題を含め一部修正したものである。ちなみに、『まちづくり8・6ニュース』とは、一九九三年八月六日に鹿児島の街に大規模な災害をもたらし、五十名近い人々の命を奪った「8・6豪雨」以後の「まちづくり」に関わる市民運動――とりわけ豪雨災害後に残った、甲突川に架かる石橋の保存運動と、自然環境との共存を目指す総合的な治水政策を求める運動――のなかから生まれた月刊のパンフレットである。今も鹿児島で、市民運動や行政の動向を、エッセイや書評などを交えつつ、系統的に伝える貴重な役割を果たしている。本稿で触れたヒロシマ平和映画祭二〇〇七では、「広島から世界中のhiroshimasへ」というテーマの下、本稿で紹介した『島クトゥバで語る戦世』を含む五十本近い映画および映像作品が上映された。そのなかの一つに、関川秀雄監督の『ひろしま』（一九五三年）があり、試写会でこの作品を初めて見たときの衝撃は忘れがたい。ヒロシマ平和映画祭二〇〇七において筆者は、まずプレ・イヴェント「中東・パレスチナ関連映画特集上映」をコーディネイトし、七月一三日には、広島市立大学においてミシェル・クレイフィ監督『石の賛美歌』（一九九〇年）の上映会を、翌一四日には日本銀行旧広島支店においてサミール・アブドゥッラー&ジョゼ・レイネス監督『境界の作家たち』（二〇〇四年）の上映会を、それぞれ岡真理さん（京都大学大学院人間・環境学研究科）の講演会と併せるかたちで開催するのに関わった。また、八月に入ってからは、大学の同僚の高橋博子さん（広島市立大学広島平和研究所）と共同で「ヒロシマ、そしてグローバルヒバクシャ――テレビドキュメンタリー特集上映」をコーディネイトしている。このほか、八月一七日に広島市映像文化ライブラリーで開催されたヒロシマ平和映画祭シンポジウム「広島から世界中のhiroshimasへ」にパネリストとして参加したり、八月一八、一九日に広島市現代美術館で行なわれた成蹊大学の「アジア・政治・アート」プロジェクトの広島セッションにコメンテイターとして参加したりなどしている。映画祭の詳細な記録については、『ヒロシマ平和映画祭二〇〇七ガイドブック』（現在、ひろしま女性学研究所にて入手可能）をぜひご覧いただきたい。

アメリカ、オキナワ、ヒロシマの現在へ
――ヒロシマ平和映画祭二〇〇九への導入――

I　ヒロシマの現在から

みなさん、こんにちは。お忙しいなか、第二回となるひろしま映画論講座へお越しくださりまことにありがとうございます。私は一人の映画愛好家としてヒロシマ平和映画祭の実行委員会に加わっておりますが、映画研究の専門家ではありません。ですから、この「映画論講座」で、映画そのものについて立ち入ったことをお話しできる立場にはないのですが、今日はヒロシマ平和映画祭二〇〇九の最初の特集テーマである「アメリカ、オキナワ、ヒロシマ」の下でのいくつかの催しをコーディネイトしている立場から、上映予定の映画やシンポジウムなどの催しの紹介を交えつつ、このテーマへの導入になるようなお話をできれば、と考えております。しばらくのあいだお付き合いください。

さて、「アメリカ、オキナワ、ヒロシマ」というテーマを掲げることで、平和映画祭の実行委員会がどのようなことを目論んでいるのか、ごく大まかなところを申し上げておきますと、それはまず、

アメリカ合州国や沖縄で現在何が起きつつあるのか、アメリカや沖縄の人々はどのようなことに直面しつつあるのか、という問いを、ごく最近産み出された、それこそ生まれたての映像作品を見る経験を共有することによって、ともに掘り下げるということです。そうすることで、アメリカをはじめとする国々が、アフガニスタンを主戦場としながら世界中を戦場とする「テロとの戦争」を戦い続けるなか、それを実際に戦う兵士たちが今も作られ続けていること、またこの「テロとの戦争」を戦う軍隊の基地が、あるいは兵士がさらに鍛え上げられる訓練場が造られることによって、沖縄の自然のみならず、それとともに生きる人々の生活が破壊され続けていることが、広島に生きる私たちの現在に直結した問題として浮かび上がってくるはずです。

要するに、後ほど触れますように、これまでとは異なった新たな形態の戦争が恒常化しているという意味で戦時下にある、さらに言えば例外状態にある世界のうちに私たちが生きていて、この戦争にさまざまな仕方で荷担してしまっていることを認識するところから、イスラエルの外相が一方的に「テロとの戦争」と呼んだ、イスラエルによるパレスティナのガザ地区への大規模な軍事的侵攻によって明けた二〇〇九年のヒロシマ平和映画祭をスタートさせたいという思いが、「アメリカ、オキナワ、ヒロシマ」というタイトルに込められているのです。[1] そして、このような意味で戦時下の世界に生きていることこそ、広島の少なからぬ人々が、アメリカ合州国のオバマ政権が見せる「核なき世界」を目指そうという身ぶりに目を奪われて、忘れてしまっていることではないでしょうか。そのような広島の現在に対する深刻な危機感も、「アメリカ、オキナワ、ヒロシマ」というタイトルには込められています。つまり、「アメリカ」と「ヒロシマ」のあいだに「オキナワ」を言わば介入させることによって、今広島から何が見えていないのかを照らし出そうというわけです。そして、見えていないことは、同時にどのようなことを意味しているのでしょう。今回のお話は、広島の現在に潜む問題をいくつかピック・アップすることから始めたいと思います。

　のっけからやや硬い専門用語のような言葉を持ち出して恐縮なのですが、酒井直樹さんという、現在アメリカ合州国のコーネル大学で活躍されている思想史の研究者が、「体制翼賛型少数者」という概念を提起しています。[2]「モデル・マイノリティ」という英語の言葉がありまして、酒井さんの概念はその翻訳をつうじて提起されているわけです。先の英語の言葉を日本語に直訳するならば、「模範的少数者」ということになるのですが、少数者が模範的であるというのは、支配的な勢力を誇るマジョリティの視点から見てのことでしょう。そして、マジョリティから見てマイノリティが模範的に見えるのは、マジョリティの支配体制をこぞって賛美し、それに寄与するかぎりにおいてです。そうすると、「体制翼賛型少数者」と翻訳することは、「モデル・マイノリティ」であることの内実を抉り出していると言えるかもしれません。

　ちなみに酒井さんは、アメリカ合州国に敗れた後、一時はその占領下に置かれ、その後も日米安全保障条約体制の下に、いやより正確には、「核の傘」に代表されるアメリカの巨大な軍事力の影の下に置かれるばかりか、みずからそれを望む戦後の日本人の集団的な存在体制を念頭に置いて、「体制翼賛型少数者《モデル・マイノリティ》」という概念を用いているのですが、「体制翼賛型少数者」であることは、今や「国際平和文化都市」を自称する広島の人々の集団的な生きざまに最もよく当てはまるように思えてなりません。広島市のいわゆる「平和行政」の中心にいる人々と、それと同一化しようとする少なからぬ人々は、さしずめ「体制翼賛型少数者」の代表というところではないでしょうか。

現在広島では、市長を中心に「オバマジョリティー・キャンペーン」や、二〇二〇年の夏季オリンピックの招致活動が繰り広げられていて、オバマ大統領の広島訪問とオリンピックという「平和の祭典」を望む声が、市民のあいだにも広がっているようですが、こうした動きは「体制翼賛型少数者」の求愛の身ぶり以外の何ものでもありません。正直申し上げて、あまり立ち入りたくはないのですが、前者について述べますと、これは例のプラハ演説をつうじて「核なき世界」を目指すというアメリカのオバマ大統領を支持し、オバマ政権とともに「核なき世界」を目指そうという姿勢を広島の内外にアピールするもののようです。しかし、そもそも「核兵器廃絶」——上関原発建設をはじめ核のいわゆる「平和利用」の余地は残したいので、真に「核廃絶」ではないようですね——を目指すのに、なぜわざわざオバマに追随する必要があるのでしょう。それに、オバマ政権が、「テロとの戦争」を効率的に遂行するための周到な戦略の一環として、アメリカの優位性はあくまで損なわない仕方での核兵器の削減に取り組み始めているということに気がつかないのでしょうか。

とはいえ、戦争の主体としてのアメリカの姿は、「オバマジョリティー」を自称する広島の人々には目に入らないようです。とにかく自分たちが、自分たちの目に入るかぎりでのオバマと同一化し、マジョリティの一部になること、そのためにアメリカという世界的な権力関係におけるマジョリティに認められることが重要なのでしょう。そのように戦争の共犯者になることを一顧だにせず、「オバマジョリティー」であることを志向する姿勢の延長上にあるのが、オリンピック招致活動にほかなりません。オリンピック自体、その起源において古代ギリシアにおける一時休戦の象徴であることもさることながら、現代のオリンピックが、新自由主義的な資本主義経済の世界的浸透としての「グローバリゼーション」を推進しようとする「グローバリズム」の祭典であることは言うまでもないことでしょう。それは、美化されたスポーツをスペクタクルとして利用しながら、世界的な資本の影響力を私たちのあいだにより深く根づかせる場なのです。そして、「グローバリズム」を代表する国際的な資本ないし大規模な多国籍企業こそ、アメリカのような国家の軍事力と癒着しながら、「グローバル化」の進む世界において、人々の思考にまで及ぶ支配力を誇る勢力にほかなりません。

この実質的なマジョリティの市場をさらに開拓し、「ヒト、モノ、カネ」の流通経路を確保するのが「テロとの戦争」であり、オリンピックとは、その戦争で行使される植民地主義的な暴力の隠れ蓑として機能しながら、市場拡大のチャンスをもたらす「スポーツの祭典」です。にもかかわらず、オリンピックを「平和の祭典」などと呼んで招致しようとするのは、世界のマジョリティの注目を集め、有望な市場として認めてもらおうとする、「グローバル化」の進む世界の「体制翼賛型少数者」の求愛の身ぶりであるだけにとどまりません。それはひいては、「テロとの戦争」として現れている、世界を植民地化する暴力の剝き出しの姿を覆い隠しながら、それと同一化することにもつながります。しかも、こうした一種の――いちおう間接的な、と形容しておくべきでしょうか――戦争賛美としての「体制翼賛」が、市民の税金を使って行なわれているのです。
　このような「国際平和文化都市」の「体制翼賛型少数者」たちの姿を目の当たりにしますと、広島の街で「平和」という言葉はもはや、他者とのあいだに平和を築くことへ向けて語られることはないようにさえ思えます。むしろ「平和」という言葉は今や、例えば「二〇二〇年の核兵器廃絶」というきわめて特殊な「われわれ」の目標――その独善性からは、「ヒロシマ」の例外主義、ないしはジャック・デリダという哲学者が「ユダヤ人」としてのナショナリズムの言説について指摘したような「範例的単独主義」が透けて見えます――のために、アメリカ合州国をはじめとする世界のマジョリティへ向けて、それに奉仕する一員であることを認めてもらうことを目指して語られているように見えてならないのです。[3]
　こうして、「体制翼賛型少数者」としての自分たちのための「平和」を祭り上げることとは、世界的な「テロとの戦争」の下、常態と化した例外状態を生きながら真に平和を求めるマイノリティ――一方的かつ一括りに抹殺可能な「テロリスト」と呼ばれて圧倒的な軍事攻撃に曝され、その後もイスラエルによる経済封鎖の下に置かれているガザの人々は今、痛切に平和を求めているでしょう――とのつながりをみずから断ち切ることを意味するばかりではありません。米軍基地がある岩国、そして米軍基地とともに海上自衛隊の拠点がある呉という自分たちの足許から拡大している、あるいは「テロ」という言葉を安易に用いることで内側から繰り広げられていく新たな戦争を隠蔽し、その戦争に荷担しながら「平和」を唱えるという、実に矛盾した態度をさらけ出しています。そのような広島の姿には、「ヒロシマ」の名を知る世界中の人々の多くが失望を禁じえないでしょう。

さらに、このように無残な「国際平和文化都市」の姿のうちに浮かび上がるのが、言わば広島の地《じ》金《がね》としての軍都廣島の存続です。言うまでもありませんが、軍都というのは、かつて広島市街の中心を占めていた軍事施設だけによって成り立っていたわけではありません。かつて「大日本帝国」の国策の優等生という意味で「体制翼賛型少数者」だった広島の人々によって支えられるなかで初めて、軍都も、その繁栄もありえたのです。[4] そのこととほぼ同型の構造が、現在の広島では、日本のみならずアメリカの軍事力とも結びつく仕方で顕在化してきているのではないでしょうか。

これは、ひろしま女性学研究所を主宰する高雄きくえさんが繰り返しおっしゃっていることですが、広島から「核兵器廃絶」を訴えることは、呉と岩国という近隣の、地理的には三角形の底辺をなす軍事基地の街に暴力が構造化されていることを見て見ぬふりし、言わば問題をそこに押しつけることの上に成り立っています。岩国の米兵による女性暴行事件が起きたときに広島市長が、日本を守る在日米軍の兵士が、といったことを述べたという話は、この点をまさに証し立てているのでしょう。[5] そして、今や広島からの訴えは、二つの軍事都市に構造化された暴力が戦争の暴力として剝き出しになるのとさえ癒着しようとしているのです。それによって広島を——これは現実にはありえないことでしょうが——オリンピックも開催できる一大都市として認めてもらい、世界的資本による投資を期待するような「体制翼賛型少数者」の心性が、「平和」という言葉を内容空疎なものにしているのではないでしょうか。この心性を敢えて「軍都根性」と呼びたいと思いますが、それが伝染するなかで、独特の都市文化は衰退し、都市の郊外化が進行しています。その動きを象徴するのが、都心部における映画館の相次ぐ閉館であり、また市街中心部近くでの大規模な郊外型ショッピング・センターの建設ラッシュでしょう。しかも、現在広島の街の目抜き通りと言うべき本通りを占めているのは、全国的資本のドラッグ・ストアやディスカウント・ストア、あるいは世界的資本のファスト・フードやコーヒーのショップなのです。

そのような、植民地化としか言いようのない状況をむしろ歓迎しているようですらある今の広島の人々の心性は、どうやら「体制翼賛型少数者」に相応しく、「テロとの戦争」を押し進める権力者たちのそれと、きわめて親和的でもあるようです。この戦争では「セキュリティ」の名の下で警察のように軍事力が行使され、「テロ対策」の名の下で戦場が偏在化するとともに、レイシズム——「セキュリティ」を重視するフランスのサルコジ大統領（当時）は、内相時代にパリ郊外の移民二世や三世の若者を「クズ」呼ばわりしていました——を蔓延させるわけですが、広島の人々が求めるのもこの「セキュリティ」のようなのです。そして、「テロとの戦争」の下で語られているのも、広島の少なからぬ人々が求めているのも、治安という意味での安全に局限された「セキュリティ」にほかなりません。

このことをはっきりと示しているのが、二〇〇二年に広島市が制定した、集会の自由を保障する憲法に抵触する可能性の高いあの暴走族追放条例が、あまりにもすんなりと受け容れられてしまったことでしょう。このとき広島の人々は、内的な心性のうえで、警察的な軍事力をもって「テロとの戦争」を遂行する側に、それもアフガニスタンの村々やガザの街を爆撃しうる立場に立ったと言えば、話が飛躍しすぎでしょうか。しかし、このことの延長上に、アメリカ合州国をはじめとする世界の支配的権力に求愛する広島の現在があるように思えてならないのです。そして、おおよそこの頃を境にして、広島の街は先に触れたような郊外化の傾向を強めてきました。今回の映画祭の「無職と平和」特集で上映される富田克也監督の『国道二〇号線』(二〇〇七年)が映し出す、奥行きのない明るさで覆われた郊外の風景が、まさに広島の街に広がっているのです。[6] このような都市の空洞化と、それに伴う人々の孤立に抗いながら、今平和とは何かと問い直させるインパクトを持った映像の経験を共有することが、「映画交歓都市ヒロシマの創造」を全体のテーマに掲げる今回の映画祭の目的です。それをつうじて、私たちの足下から世界に広がっている、あるいはもし私たちが特定の人々を過度に敵視するなかで「セキュリティ」を求めているとすれば、私たち自身の内側にも広がっている新たな戦争を照らし出し、それを乗り越える道筋を、アメリカと沖縄の現在を見据えながらともに探ることが、今まさに求められているのではないでしょうか。

Ⅱ　オキナワの現在へ

思わず少々長くお話ししてしまいましたが、このようにして、言わば植民地主義的暴力に対する免疫力を持たない「体制翼賛型少数者」の街としての広島の現在を見直すならば、そこには沖縄の現在に呼応しうる余地は見いだされえないように思われます。それどころか、この映画祭の実行委員会の事務局長でもある音楽評論家の東琢磨さんがおっしゃっているように、そもそも広島から沖縄は見えていないのかもしれません。[7]しかも、その問題は相当に根深いようで、一度自分が広島で教えている百人以上の学生に六月二三日が何の日か尋ねましたところ、沖縄の地上戦における日本軍の組織的抵抗が終わったとされる「沖縄慰霊の日」だと答えられた学生は一人もいませんでした。それがどのようなことを意味するのか、ここで深く立ち入ることはできませんが、ひと言だけ述べるならば、広島の「平和教育」において「原爆の悲惨さ」が繰り返し教えられることのうちに、「国民の生命のため」と称して戦争を遂行しながら、結局は非戦闘員を巻き込み、さらにはいわゆる「自決」を含む集団死を強いる国家暴力の問題と結びつける視点が完全に欠如しているのではないでしょうか。

しかし、これまで広島の問題と関連づけながらお話ししてきたことを踏まえるなら、そのような国家暴力の問題は、けっして過去のものではありません。国民のためと言いながら国家権力の自己保存のために戦争を起こし、そのために国民を暴力的な仕方で——最近定められた日本のいわゆる有事法制が示すように、個々人の基本的人権を剝奪する仕方で——動員し、国家のための死を強いる暴力は、軍事的な同盟関係が示すように、今や国際的に結びつきながら、また国内の軍需産業のみならず、国際的な資本とも協働しつつ、世界全体を新たな形態の、恒常的な戦争の体制に巻き込みつつあるのです。そのような動きの結節点の一つが沖縄にほかなりません。情報を多少なりとつぶさに追っていただければお分かりいただけることと思いますが、今沖縄は、在日米軍基地を、グローバルな空間を戦場とする新たな戦争の拠点として、自衛隊と一体化させるかたちで再編成する、在日米軍再編の渦中に置かれているのです。「やんばる」と呼ばれる沖縄北部の高江地区に新たに建設が計画されているヘリパッドの問題を焦点に、その現在を映し出すのが、比嘉真人監督のドキュメンタリー作品『やんばるからのメッセージ』です。この作品の二〇〇九年版は、一一月二二日に平和記念資料館の会議室で開催されるシンポジウム「新たな戦争を越えるために——アメリカ、オキナワ、ヒロシマの現在／映像による平和の追求」（その記録は、柿木伸之編『アメリカ、オキナワ、ヒロシマ——新たな戦争を越えるために』ひろしま女性学研究所、二〇一〇年、所収）のなかで上映される予定になっています。

新たなヘリパッドの建設によってやんばるの自然とともにそこに息づく生活が破壊されることに対する住民の抵抗を見るならば、よく知られているとおり基地再編問題の焦点となっている名護市の辺野古の闘いも同時に思い起こさざるをえないでしょう。この闘いを「平和を育てる」非暴力の闘いとして捉え、五十年以上もアメリカ空軍の爆撃演習に苦しんできた韓国の梅香里《メヒャンリ》、そして陸上自衛隊の最大の演習場がある北海道の矢臼別と辺野古を結び合わせながら、これら国家の暴力によって踏みつぶされようとしている場所に生きる人々の、けっして暴力に屈することのない静かな意志を呼応させるのが、藤本幸久監督の『Marines Go Home 2008——辺野古・梅香里・矢臼別』（二〇〇八年）です。

このドキュメンタリー映画は、二〇〇九年八月五日に行なわれたヒロシマ平和映画祭のプレ・イヴェントで上映されたわけですが、そのなかで辺野古の闘いは、自分たちの生それ自体を可能にしている自然環境を見つめ直し、生あるものがともに生き、相互に生かしあう関係を、沖縄の外からの新参者を含めて編み直していく試みとして、実に生き生きと描き出されています。また、辺野古の海とともに生き続けようという意志を持った人々一人ひとりの顔の輝きがしっかりと捉えられている点も、この映画の特徴ではないでしょうか。そして、今求められているのは、こうして開かれた仕方で自然とともに生きる場を一つのコミュニティとして築き直そうとする辺野古の人々の営みを見つめ、これに寄り添う心を持ち、そこにある独自の生を阻害させない意志を貫くことと思われます。このことは、対岸に中国電力の上関原発の建設計画が持ち上がっている、山口県の祝島との関わりについても同じように言えることではないでしょうか。藤本監督には、先ほどご紹介しました一一月二二日のシンポジウム「新たな戦争を越えるために」に、影山あさ子プロデューサーとともに、パネリストとしてご参加いただく予定になっています。取材や撮影の際の興味深いお話を聞けるのではないでしょうか。

ところで、沖縄の現在の問題として、性暴力の問題も見過ごすことはできません。一九七二年の「復帰」後も実質的には軍事的占領の下に置かれている沖縄では、軍人による性暴力が連綿と続いています。一九九五年に起きた、アメリカ軍兵士による少女暴行事件は、反基地闘争の大きなうねりを生むきっかけになりましたから、ご記憶の方も多いのではないでしょうか。沖縄ではその後も、軍人による性暴力事件が続いておりますが、敗戦前に沖縄各地に日本軍の「慰安所」が数多く設置されていたことも考え合わせるなら、朝鮮半島などから強制的に連れてこられた人も含め、沖縄の女性たちは、およそ七十年にわたって、あるいはそれよりも長く、軍人の性暴力に曝されてきたと言えるでしょう。

そして、この暴力の歴史は、先ほど触れました岩国基地のアメリカ軍兵士による女性暴行事件にも連なっているのです。そのように、時間的にも地理的にも沖縄から広島へつながっていく暴力の歴史の連続性を見つめ直すチャンスが、今回の映画祭の期間中に訪れます。一二月三日に映画祭の「性暴力／生と暴力」特集の催しの一つとして、イトー・ターリさんのパフォーマンス「ひとつの応答」が原爆ドーム前で行なわれるのです。東京のあるギャラリーでの個展の際に、ご本人からお話をうかがう機会がありましたが、渡嘉敷島の元「従軍慰安婦」の朝鮮人女性――彼女は朝鮮半島へ帰ることができず、沖縄で性暴力から解放されないまま客死されたそうですが――から、今の沖縄の街でアメリカ軍兵士の性暴力に曝される女性たちを貫く性暴力の歴史を強く意識されている様子でした。そして、パフォーマンスでは、沖縄で軍人によって起こされた性暴力事件の一つひとつが辿り直され、その犠牲となった女性たち一人ひとりの記憶が、彼女たちの姉妹的とも言える連なりとともに浮かび上がることでしょう。

Ⅲ　アメリカの現在から私たちの内なる戦争へ

このように、現在も戦争の暴力に曝され続けながら、それに屈しない抵抗の意志を静かに示す人々がいる沖縄の現在へ目を向けたとき、私たちはようやく、国家の起源からしてつねに戦争によって自己を存続させてきたアメリカ合州国に生きている人々の姿に向き合うことができます。繰り返し述べてまいりましたように、オバマ政権の「核なき世界」を目指す姿の裏側にあるのは「テロとの戦争」の継続です。そしてそれを支えるのは、実に多種多様な人々から成るアメリカ合州国民にほかなりません。まさにこのことを、「オバマジョリティー」と称して「アメリカ」に求愛する広島の人々は見ていないのではないでしょうか。権力関係におけるマジョリティしか目に入らず、アメリカの地に生きる一人ひとりに出会うことはないにちがいありません。これとは逆に、私たちは、アメリカの戦争を戦った、いやそればかりでなくその戦争に抵抗したアメリカの一人ひとりがどのような人生を歩んできたのか、またこれからどのように生きていこうとするのを見届けたいと思います。

今回の映画祭の「アメリカ、オキナワ、ヒロシマ」特集の最初の催しとして、藤本幸久監督の渾身の最新作『アメリカ――戦争する国の人びと』(二〇〇九年)が上映されます。これは何と八時間一四分におよぶ大作なのですが、そこにはイラク戦争を戦って心身に深い傷を負った元兵士の生きざまが、あるいはヴェトナムの厳しい戦場を潜り抜けながら国家によって見棄てられた元兵士の苦悩が、それらに寄り添うようにして映し出されます。また、一方的に建設された軍事基地の公害によって病に苦しむ先住民の姿からは、一体となって戦争へ向かうかに見えるアメリカのなかに走る亀裂を見て取ることができるかもしれません。さらにこの『アメリカ』という作品には、戦争に抵抗する市民たちの持続する意志や、軍隊組織の内部にあって戦争に抵抗する軍人の葛藤も描き出されます。これらを見るならば、「戦争する」体制の下で、あるいはそれに協力する体制の下で、戦争そのものに対する抵抗がどのように可能かということが、あらためて問題として、かつ差し迫った課題として、私たちの脳裡に浮かび上がるのではないでしょうか。そして何よりも、この『アメリカ』という作品を見ることによって、私たちのアメリカ像が一変させられるばかりでなく、そこに生きる一人ひとりに出会い、『Marines Go Home』のときと同様、その地に足をつけた生きざまを目の当たりにすることになるはずです。

さて、藤本監督の『アメリカ』の終わりのほうには、海兵隊の新兵訓練所へ入っていく若者たちの姿が映し出されるそうです。これは藤本監督が八月のプレ・イヴェントの際におっしゃったことですが、もともと「人は人を殺せるようにはできていない」にもかかわらず、「人を殺せる」兵士になる、とりわけどこにでもいるような若者がそのような兵士になるとはいったいどういうことなのでしょうか。この問いは、私たちを藤本監督の次の作品へ導きます。一二月五日から横川シネマで上映される『One Shot One Kill──兵士になるということ』（二〇〇九年）は、藤本監督が、「人を殺せるようにはできていない」人間が「人を殺せる兵士になる」とはどういうことなのか、という問題に正面から向き合った作品なのです。アメリカ海兵隊の新兵訓練所、ブート・キャンプの十二週間を追ったこの作品を見るならば、普通の若者がどのようにして兵士になるのか、その過程をつぶさに辿ることができるはずです。それに、実際のブート・キャンプ自体、なかなか見られることはありません。そして、藤本監督もこの点に関心があったと語っていましたが、沖縄に来る海兵隊の兵士が、どのようにして兵士になったのかを、この作品で見られるわけです。

それにしても、人が兵士になるとはどういうことなのでしょう。その問題にここで深く立ち入ることはできませんが、一つの要因と思える一例をここで挙げるならば、先ほどご紹介した『アメリカ──戦争する国の人びと』の縮約版とも言うべき『アメリカばんざい』（二〇〇八年）にも新兵訓練に入るときの様子が一部出てくるのですが、そこで印象的なのは、同じフレーズを叫ぶように──実際そこで上官は「叫べ」と命じます──繰り返すことによって、自分を語る声が奪われていく様子です。それをつうじて、感性が麻痺し、自分が行なっていることの意味を問う思考が停止することは、同時に一人ひとりの他者の生を想像する回路がそれぞれのなかで断ち切られることをも意味するのではないでしょうか。これは、今年の夏に広島の横川シネマでも上映されました土井敏邦監督の『沈黙を破る』（二〇〇九年）という、それこそ「沈黙を破る」仕方でみずからの戦争体験を語る元イスラエル軍兵士を追ったドキュメンタリー映画のなかで、元兵士の一人が述べていたことですが、イスラエルの兵士たちは、感覚麻痺状態で思考を停止させたなかで初めて、つまりは人間としての一人ひとりへ向かう想像を遮断したところでのみ、パレスティナ人に銃口を向けることができたのだそうです。[8]

しかし、このようなイスラエルの兵士の問題は、軍隊に属する兵士たちだけの問題ではありません。排除されるべき異物としての「テロリスト」の像を共有することが「テロとの戦争」の前提であり、土井監督の『沈黙を破る』を見ますと、イスラエルではマス・メディアによって、「テロリスト」としてのパレスティナ人のイメージがとくに若い世代、すなわち兵士となる世代に浸透していることがうかがえるのですが、作られた「脅威」としての他者像を前にして「セキュリティ」を要求するなら、私たち自身も、イスラエルに顕著に見られるような現代のレイシズムに加担しつつ、戦争を支える立場に立つとともに、内的な戦争状態に置かれているのではないでしょうか。こうして心のなかを戦争状態にすることが兵士として人を殺せることの前提にあるとするならば、人はいかにして兵士になるのか、という問題は、けっして他人事ではないことになります。新たな戦争の時代に生きる私たちは今や、人が他人を敵として殺せる兵士になるとはどういうことなのか、という問題を、自分自身に関わる問題として自問しなければならない時期に来ているのかもしれません。

ところで、アメリカを扱った藤本監督の作品を見てもう一つ印象的なのは、人を殺せる兵士になることへ追い込まれる若者の多くが、アジア系、アフリカ系、あるいはラテン・アメリカ系の貧困層の出身だということです。映像からの印象かもしれませんが、いわゆる白人の新兵は、割合としてかなり少なく見受けられるのです。つまり、アメリカ市民としての自己の証明を求める貧しい移民出身の兵士が、その気持ちを利用する仕方で過酷な最前線へ送り込まれるということが繰り返されているのではないでしょうか。その問題を扱った古典的な映画として、ロバート・ピロッシュ監督の『二世部隊』（一九五一年）が思い出されるでしょうし、あるいはテオ・アンゲロプロス監督の『エレニの旅』（二〇〇五年）の沖縄戦で戦死した主人公のことを思い出される方がおられるかもしれません。[9]

このような、アメリカ国内の権力関係においてはマイノリティであらざるをえない人々は、軍隊に入らなくとも、現在はとくに労働力の植民地と言うべき郊外で、生き残るための闘いを強いられています。そのように不断の例外状態を生きる人々の行き着く先として軍隊があることは、皮肉なことと言うほかありませんが、それはけっしてアメリカの特殊な事情ではなく、日本国内で若者が自衛官にリクルートされるのも同様の現象でしょう。その背景には、力の表象がとりわけ戦争としての日常を生きることを強いられている人々を惹きつけていることもあるように思われます。

ちなみに、冷戦期のアメリカでは、「アトミカリア」と呼ばれる、核エネルギーを商品デザインのモティーフにしたおびただしい商品が売られていました。核をあしらった玩具、装飾品、洋服、化粧品、食料品が店先に並んでいたのです。核戦争生き残りゲームから、核エネルギーの強力さを風味の力強さに見立てた調味料まで、さまざまな核のイメージが日常生活に入り込んでいたわけです。オーストラリアのマードック大学の研究者で、メディア分析がご専門のミック・ブロデリックさんが、こうした「アトミカリア」を膨大に集めておられますが、今回の映画祭の期間には、彼の特別のご厚意で、その一部をスペース・ピカで展示できることになっています。核のエネルギーによって力強さを代表し、核の未来を夢想させる「アトミカリア」の広がりが意味するのは、人を内側から戦争の主体に変えていくようなイメージの政治でしょう。このイメージの政治の問題も、今日の新たな戦争に立ち向かう際に避けては通れない問題です。

今回の映画祭では、「アトミカリア」を提供してくださるブロデリックさんとともに、広島市立大学の広島平和研究所で活躍中のアメリカ現代史の研究者ロバート・A・ジェイコブズさんをお招きして、一一月二三日に「核の時代のイメージ、イメージの政治」というテーマのトーク・セッションを、平和記念資料館の会議室で催すことにしています。そこでは、今となっては貴重なアメリカのB級映画——莫大な予算をかけて作られるメジャーな作品の言わば裏番組として作られる、比較的小規模の娯楽映画です——やドキュメンタリー映像の一部を見ながら、そのなかで核兵器や核エネルギーがどのように表象されているかが検討され、そこにあるイメージの政治のありようが、そのアクチュアリティにおいて取り出されるはずです。

Ⅳ　内なる戦争を抉り出す映像の力を

このように、沖縄とアメリカの現在を、そこに一人ひとりの人間が生きているというところから、映像をつうじてこの人々に出会い直す可能性へ向けて見てまいりますと、沖縄とアメリカの地に生きる人々が、世界規模で繰り広げられている新たな戦争の暴力の剝き出しの姿に曝されていることがわかります。そして、私たちは、その暴力に荷担しつつあるところにいる——このことにあまりにも無頓着なのが広島の現在なのかもしれませんが——ばかりではありません。今や兵士にならなくとも、容易に暴力の主体になりうるのです。このことを、私たちの内的な想像力に関わる問題として考えるために、少し前の時代の映画に触れることも無益ではないでしょう。

実は、今回の映画祭では当初、第二次世界大戦中から冷戦初期にかけてアメリカで作られたフィルム・ノワールをいくつか取り上げることを計画していました。権利関係の複雑さから、残念ながら、その計画は大幅に縮小せざるをえなかったのですが、フィルム・ノワールと総称される一連のやや虚無的な雰囲気の漂う犯罪映画には、世界大戦中の、あるいは冷戦下の、さらにはマッカーシズムの下での人々の恐怖が浮き彫りにされているとしばしば言われます。そのいくつかを見るならば、新たな戦争の時代に生きる私たちの内面にあるものに迫ることができるかもしれません。フィルム・ノワールの初期を代表するとされるジョン・ヒューストン監督の『マルタの鷹』（一九四一年）をはじめ、代表的な作品はＤＶＤになっていますから、ご覧になってはいかがでしょうか。[10]

さて、言わば時代の恐怖を陰影の強調された画面に映し出すフィルム・ノワールの起源の一つとして、ドイツ表現主義があることも、しばしば指摘されることです。実際、フィルム・ノワールの代表的な作家の一人であるフリッツ・ラングは、ドイツ時代には表現主義的と評される映画を作っていました。例えば、『死滅の谷』（一九二一年）などまさにそうでしょう。[11] 実は、私自身二十世紀前半のドイツの思想を専門領域にしている関係で、この表現主義にも関心がありますので、今回のお話の締めくくりに代えて、内面の戦争を抉り出すかのようなフィルム・ノワールの起源に表現主義があることを、表現主義そのものから少し考えてみたいと思います。

ドイツの絵画における表現主義の運動については、ご存知の方がおられるのではないでしょうか。アンリ・マティス、モーリス・ド・ヴラマンクらがパリのサロン・ドートンヌの展覧会をきっかけに「フォーヴ」――「野獣」ですね――と評されたのと同じ年の一九〇五年、エルンスト・ルートヴィヒ・キルヒナー、エーリヒ・ヘッケルらがドレスデンで前衛画家集団「ブリュッケ」――この言葉はドイツ語で「橋」を意味しておりまして、そこにはさまざまな前衛芸術との橋渡しになろうという意図が込められています――を結成します。翌年にはエミール・ノルデも加わり――彼はしばらく後に脱退するのですが――、やがてベルリンへ活動の拠点を移すことになります。このような動きのなかから、表現主義的な作品の数々が産み出されてくるのです。

キルヒナーをはじめとする「ブリュッケ」の画家たちは基本的に、外界の印象と共振しながら湧き上がる感情や若々しい生命力を画面に解き放つことによって、写実より精神的なものの表現に力点を置いていました。初期にはファン・ゴッホの表現を範としたという「ブリュッケ」の表現主義的な絵画の変革は、色彩そのものの表現力を解放する鮮烈な色彩や、自由なデフォルメによって、精神の自由を濃密に、かつ従来の絵画にはない強度をもって表現することを可能にしたのです。そのような表現を代表するものとしてまず、原始的な生命の輝きと一体であるかのようなノルデの色彩表現を挙げることができるでしょう。これに対してキルヒナーの作品は、都市の速度感と結びついた鋭いタッチと鮮烈な色彩によって、不安定な時代に生きる人々の不安や危機意識を抉り出しているように見えます。そして、とくにキルヒナーの作風には、表現主義的な映像表現に通じるものが感じられるのです。

ここで表現主義の映画に触れておきますと、それが生まれたのは第一次世界大戦後のドイツです。世界大戦の敗戦後、復興へ踏み出そうとしていたドイツで盛んに作られ始めた映画が、幻想的ないし象徴的な演出――ちなみにこれは、ハリウッド映画に比べて制作予算があまりにも乏しかったのを補う意味もあったと言われています――によって表現主義的と評されるようになったのです。表現主義の映画の代表的な作例として、ローベルト・ヴィーネ監督の『カリガリ博士』（一九一九年）、パウル・

ヴェゲナー監督の『巨人ゴーレム』（一九二三年）、フリードリヒ＝ヴィルヘルム・ムルナウ監督の『吸血鬼ノスフェラトゥ』（一九二二年）などがありますが、例えば『カリガリ博士』の画面を特徴づけるのは、遠近法の歪みです。[12] この映画は、幾何学的には歪んだセットのなかに狂気や妄想を展開させ、さらにはそれらを体現した人物ないし怪物を登場させることによって、大戦間期の不安定な時代に生きる人々の無意識に迫っているのではないでしょうか。

あるいは、深い陰影に満ちた映像表現も、表現主義的な映画の特徴と言えます。その深淵としての画面のうちに、遠近法的な輪郭に収まらない身体の姿やそこに蠢《うごめ》く無意識の欲動が、強度において浮かび上がるのです。映画というものは、基本的には遠近法的な視界を映像に定着させるカメラ――写真機のカメラの起源になったのは、遠近法的な視界を絵画の画面に正確に写し取るために、十五世紀頃から使われていたカメラ・オブスクラです――によって撮影されるわけですが、そのことの内部から、遠近法的に世界を見ること自体を揺さぶる表現が生まれているのは、注目すべきことではないでしょうか。そのように、遠近法を歪めるまでに陰影の深い画面のなかで鋭い心理描写を繰り広げる作風は、とくにナチス・ドイツから亡命した映像作家によってアメリカへ持ち込まれ、これがフィルム・ノワールの表現に結実することになります。その先駆的な例として、ここではラングの『暗黒街の弾痕』（一九三七年）を挙げておきましょう。ちなみにラングには、『メトロポリス』（一九二七年）というドイツ時代の傑作がありますが、大都市が生物のように蠢くさまが印象的なこの作品を、今日のグローバル・シティのネガを映し出すものとして再読する試みがあってもよいかもしれません。

それにしても、現在広島の郊外のいわゆるシネコンでロード・ショーされている映画の多くは、残念ながら、こうした私たちの内面を掘り下げる契機になるような映画ではありません。むしろステレオタイプ的な他者像や慰撫するようなイメージによって、内なる戦争を隠蔽し、戦争そのものに対する抵抗力を麻痺させる映画ばかりがもてはやされているように見えます。そのような映画ではなく、今ご紹介したような、不安定な時代に生きる人々の内面にある戦争を凝視し、これを奥行きある画面──今となってはそれ自体として強度を持った表現としての画面──のうちに抉り出す表現主義の映画、ないしはそれに起源を持つフィルム・ノワールの作品を見る経験は、新たな戦争の時代を生きる私たちの内なる戦争を見つめ、それを乗り越えていくための足がかりになるのではないでしょうか。今回の映画祭でその機会を設けることはかないませんが、ぜひ近いうちに表現主義の映画やフィルム・ノワールを見直す場を作りたいものです。

その前に、今回の映画祭の「アメリカ、オキナワ、ヒロシマ」特集では、藤本監督の作品をはじめとして、「戦争する国」アメリカに生きる人々に、アメリカの戦争にじかに巻き込まれている沖縄に生きる人々に私たちが出会う場となるようなドキュメンタリー映画が上映されます。そして、シンポジウムでは、こうした作品を今ここで見ることの意味が掘り下げられるはずです。これらを経験してこそ、世界規模の新たな戦争の時代に生きる私たちが、この戦争に立ち向かう道筋が、私たちの内側に開かれるでしょうし、その道筋は今広島からは見えていない沖縄とアメリカの現在へ通じているはずです。そして、この道筋を辿って、沖縄とアメリカに生きる人々に実際に出会い直すことが、今日の戦争に立ち向かう力を生むのではないでしょうか。『アメリカ――戦争する国の人びと』の上映に始まるヒロシマ平和映画祭の「アメリカ、オキナワ、ヒロシマ」特集の催しに、みなさんぜひお誘い合わせのうえご参加ください。このことを呼びかけまして、私の拙い話を締めくくりたいと思います。長らくのご静聴まことにありがとうございます。

註

1　イスラエルの侵攻下でガザがどのような状況にあったかについては、何よりも以下の記録を参照。サイード・アブデルワーヘド『ガザ通信』岡真理、TUP訳、青土社、二〇〇九年。

2　この概念については、酒井直樹の以下の著書を参照。『日本／映像／米国――共感の共同体と帝国的国民主義』青土社、二〇〇七年、『希望と憲法――日本国憲法の発話主体と応答』以文社、二〇〇八年。

3　「範例的単独主義」の概念については、ヘルマン・コーエンの第一次世界大戦時のユダヤ・ドイツ・ナショナリズムを論じたデリダの論考「Interpretations at War――カント、ユダヤ人、ドイツ人」（『現代思想』青土社、一九九三年六～八月号所収）とともに、その訳者である鵜飼哲の以下の論考も参照。「法の砂漠――カントと国際法の〈トポス〉」、『抵抗への招待』みすず書房、一九九七年。

4　国策の優等生としての広島については、鄭暎惠のエッセイ「交差するヒロシマ」（『〈民が代〉斉唱――アイデンティティ・国民国家・ジェンダー』岩波書店、二〇〇三年、所収）を参照。

5　この点については、二〇〇八年九月一日にひろしま女性学研究所で開催されたシンポジウム「広島で性暴力を考える」での高雄きくえの発言「一〇・一四〝広島事件〟とヒロシマ――女性の動きを中心に」（東琢磨編『広島で性暴力を考える――責められるべきは誰なのか？／性・家族・国家』ひろしま女性学研究所、二〇〇九年）を参照。

6　富田克也監督の映画『国道二〇号線』（二〇〇七年）を含め、ここで言及されるヒロシマ平和映画祭での上映作品については、ヒロシマ平和映画祭実行委員会編『ヒロシマ平和映画祭二〇〇九ガイドブック』（ひろしま女性学研究所、二〇〇九年）を参照されたい。

7　この点については、東琢磨『ヒロシマ独立論』（青土社、二〇〇七年）を参照。

8　土井敏邦監督の『沈黙を破る』（二〇〇九年）は、イスラエルの元将兵だった青年たちが「沈黙を破る」と題する写真展をテル・アヴィヴで開催し、みずからの加害行為を告白したのを軸にしながら、イスラエル軍による占領という構造的な暴力の問題を、占領下にあるパレスティナ人の生活を通して浮き彫りにする作品である。そのなかで、写真展を主催したイスラエルの元兵士は、占領地で絶対的な権力を手にし、道徳心を失い、自分がしだいに「怪物」になったと告白する。また、イスラエルの若者への街頭でのインタヴューのシーンで、若者がマス・メディアによって作られたパレスティナ人像を鵜呑みにしている様子も印象的である。

9　『二世部隊』（一九五一年）は、第二次世界大戦のヨーロッパ戦線で多くの死傷者を出しながら活躍したアメリカ軍第四四二部隊を描いた戦争映画で、この部隊を構成する日系二世がアメリカ人として受け容れられていく過程が描かれている。『エレニの旅』（二〇〇五年）は、ロシア革命のために移住先のオデッサを追われた孤児エレニに、二十世紀の苦難を生きるギリシアを重ねた作品。エレニの恋人アレクシスは、エレニをはじめ家族をアメリカへ呼び寄せようとアメリカ軍に志願し、沖縄戦で戦死を遂げることになる。

10　『マルタの鷹』（一九四一年）は、ダシール・ハメットの同名の探偵小説を映画化したもので、私立探偵サム・スペードが莫大な価値を持った鷹の彫像の争奪に巻き込まれるさまを描く映画。

11　『死滅の谷』（一九二一年）は、原題を直訳するならば「疲れた死神」という表題で、死神によって恋人を連れ去られた若い女性が、恋人を返してもらおうと死神の挑戦を受け、ヴェネツィア、中国、バグダッドを旅し、そこに生きる人の命の火を消すまいと試みるさまを描く映画。映像表現の美しさも際立つ作品である。少し後で触れるように、ラング監督の作品には、ドイツ時代の無声映画の傑作として、高度な文明を誇るかに見える未来都市メトロポリスが、摩天楼の上層階に住む少数の知識指導者階級と、地下で過酷な労働に耐える労働者階級に二極分化した徹底的な階級社会であることを描いた『メトロポリス』（一九二七年）や、前科者であるがゆえに信用されない男とその恋人の絶望的な逃避行を描いたアメリカ時代の傑作『暗黒街の弾痕』（一九三七年）がある。

12 『カリガリ博士』（一九一九年）は、ドイツの田舎町にやって来たカリガリ博士が、眠り男チェザーレを操って次々に殺人事件を引き起こすさまを描く映画で、ナチズムの大衆操作を予言するものとの解釈があったり、最後に正気と狂気の境界さえ曖昧になる点に関する精神分析的な解釈があったりと、さまざまな解釈を呼び起こしてきた。『巨人ゴーレム』（一九二三年）は、フランケンシュタインものに影響を与えたとされる映画で、ユダヤ教のラビが粘土で作った人形ゴーレムに命を吹き込み、同胞の危機を救うものの、やがて人形を制御できなくなるという中世ユダヤ教の伝説を基にしている。『吸血鬼ノスフェラトゥ』（一九二二年）は、ブラム・ストーカーの小説『ドラキュラ』の一部に手を加え、表題を変えて作られていて、一連のドラキュラものの先駆となった映画。吸血鬼であるオルロック伯爵を乗せた船のなかで、伝染病を運ぶとされる——「ノスフェラトゥ」のギリシア語の原義に「病気を含んだ」という意味があるそうである——ネズミの群れが蠢いているのが不気味に映されているあたり、当時のヨーロッパの人々の感染への恐怖を映し出すと同時に、現在の人々の感染への恐怖にも通じていて、非常に興味深い。

追記

本稿は、二〇〇九年一一月一日にひろしま女性学研究所で開催されたヒロシマ平和映画祭二〇〇九の催し、第二回ひろしま映画論講座における講演「アメリカ、オキナワ、ヒロシマの現在」を再構成したものである。再構成に際して、講演以後の予定の変更を付け加えたり、当日と順序を入れ替えたりした。初出は、柿木伸之編『アメリカ、オキナワ、ヒロシマ——新たな戦争を越えるために』ひろしま女性学研究所、二〇一〇年。なお本稿は、二〇〇九年度広島市立大学社会連携プロジェクト研究「映像の祭典による〈共に「平和」を追求する場〉としての都市空間の創造」にもとづく研究成果の一部である。

生の肯定としての文化を想起し、想像し、創造するために
――「表現の臨界点《クリティカル・ポイント》――広島の現在と赤狩り、安保、沖縄」プロジェクトを振り返って――

崩れ落ちかけた世界の底から立ち上がろうとするディォニュソス。この陶酔と熱狂の神は、石化し、世界とともに瓦礫と化しつつあるわが身を切り裂きながら、引き抜いた葡萄の樹を握りしめて、何ものにも縛られることのない生を渇望しているように見える。そのようなディォニュソス神の姿を描いたアンドレ・マッソンの墨彩の作品に、国立新美術館で開催されていた「シュルレアリスム展」で出会うことができたのだが、この絵が描かれたのは一九三六年のことという。この年は、スペインの内戦が始まった年であり、翌年にはゲルニカの街が焦土と化している。同じ頃、人種主義的な政策とともに文化統制を押し進めつつあったナチス・ドイツは、みずからの手先がゲルニカを無差別爆撃した同じ年に「退廃芸術展」を行なって、多くの重要な芸術家を社会的に抹殺したのだった。マッソンのディォニュソス像は、そうした危機を予感しながら、そして危機を前にしてなお、ニーチェの「超人」のように、生きることに対し、その苛酷さも含めて何一つ差し引くことなく「ディォニュソス的に然りと言う」ことへ向けて描かれているのではないだろうか。

このようなマッソンの絵画に見られる、危機の時代における生への渇望に通じるモティーフを、同時代に描かれた靉光《あいみつ》の《眼のある風景》からも見て取ることができよう。広島県立美術館で開催されていた「『日本画』の前衛」展で再会できたこの作品においては、岩塊とも巨大な流木ともつかぬ、随所が抉られた赤褐色の塊の中心部から、ぎらりと光る瞳がこちらを見据えている。世界の存在そのものが溶け崩れていくなかを突き抜けるその眼差しは、時代の危機を見通しているようでもあり、また同時に、それに抗して生きようとする意志を具現しているようにも見える。この絵が描かれたのは一九三八年。国家総動員法が制定され、日本が総力戦へ向けた大きな一歩を踏み出した年である。

靉光の《眼のある風景》については、シュルレアリスム、とりわけマックス・エルンストの絵画との関係がしばしば指摘されるが、靉光の作品には、世界的なシュルレアリスムの運動と内的に呼応した、日本国内の、とりわけ広島の表現活動の集合的な意志も漲《みなぎ》っているように思われる。日清戦争以来、軍都として一定の繁栄を遂げてきたのみならず、一九三〇年代からは日本の中国への侵攻に伴って、軍事的な拠点としての性格をさらに強めつつあった広島は同時に、この軍都に浸透した国家のための死を強いる権力に抗って、生きることを肯定する表現活動の場でもあった。なかでも、靉光が兄と慕ったという山路商はその頃、ダダとシュルレアリスムの影響を受けながら詩と絵画を発表し続けたのみならず、みずからのアトリエを、広島在住の、あるいは東京から帰郷した芸術家たちが集う場として開き、表現者たちを結びつけていた。その絵画作品は、現象の襞に鋭く迫るとともに、例えば《犬とかたつむり》が示すように、「人間」という枠を越えながら、生きものたちの生に寄り添うものであろう。また、戦後の活動ばかりが注目されがちな詩人栗原貞子は同じ頃、アナーキズムに共鳴しながら詩作を続けていた。後に詩集『黒い卵』に収録されることになるその反戦詩は、生の肯定そのものと言ってよい。このように、総力戦態勢が整えられつつある広島にあって、その態勢を貫く死を強いる暴力に抵抗しながら、生のありようの根本的な変革をつうじて、生きることに対して然りと言う芸術的表現が繰り広げられていたのである。

それからおよそ七十年が経った現在の広島では、軍都の記憶とともに、このような、まさに軍都の内部で軍都の体制に抗して営まれていた表現活動の記憶も、忘れ去られようとしているように見える。軍都廣島が帝国日本の植民地主義の戦争において果たした役割を歴史的に検証する試みも、軍都の下での抵抗としての表現活動を、同時代の世界的な芸術運動の文脈に置き直して再評価しようとする試みも、寡聞にして知らない。そして、とくに後者の表現活動の忘却が、今日の広島においては、美的表現そのものが持つ、絶えず既成の規範を乗り越え、受け手を根底から揺さぶる強度を見失うことに結びついてしまっているように思えてならない。そのような力を持った美的表現が絶えず産み出されていくとともに、それが言わば野生のままに受け止められたうえで評価されていく文化——そもそも、これらを抜きにして「文化」ということを考えることができるだろうか——が今、広島の街から失われつつあるのではないだろうか。こうした文化の営為のなかでも、表現に射貫かれながら、その美を語り出す、あるいは逆に表現の弛緩を見抜き、その因習との癒着を指摘するような批評の言説は、言うまでもなく、新たな表現を動機づけながら、受け手の美的感性を研ぎ澄ましていく重要な役割を果たすはずだが、現在の広島では、この批評の機能不全——とりわけ芸術的活動を批評し、紹介する独立したメディアが地域で育っていないことがその証左であろう——が、美的表現の場を極限まで狭めてしまっているように見える。土を耕す《カルティヴェイト》ことを語源とする文化《カルチャー》そのものの場とも言うべき、美的表現が受け止められながら生い育っていく土壌が、今や枯渇しつつあるのではないだろうか。

そのことを象徴していると思われる出来事が、ここ最近立て続けに起きた。まず、二〇〇八年秋にアーティスト集団Chim↑Pomが、飛行機の排煙で広島の空に「ピカッ」という文字を書いた行為は、根拠も内実も定かでない「不快」感の対象と決めつけられ、一方的な攻撃の対象となり、結局このアーティスト集団は、被爆者団体への謝罪と個展の自粛を強いられるに至った。その表現は、表現として議論の対象になる前に、広島からは消されてしまったのだ。また、二〇一〇年には、暴走族の少年を主人公とする漫画を、その設定を部分的に変更して映画化する『BAD BOYS』の広島でのロケ撮影に対し、広島市の外郭団体である広島フィルム・コミッションが、「暴走族追放」に「全市一体」で取り組む立場からこの劇映画の内容に検閲的に介入した市当局の意向を受けて、公式の協力をいったん拒否するという出来事も起きている。ここでこれらに立ち入るつもりはないし、人権としての表現の自由を持ち出すつもりもない。表現の内実に対する評価はどうあれ、一つの表現をまず表現として受け止める感性が、いわゆる文化行政のみならず、市民のあいだからも、集合的次元では失われつつあることを、これら二つの出来事は示していると言えば、今は充分であろう。

こうして美的な強度に開かれた感性を摩滅させることは、同時にみずからの身体的生を、現存の規範的秩序に従属させること、より具体的に言うなら、今日地球全体を覆っていると言ってよい新自由主義的な経済活動の枠内における消費のサイクルに、またその市場を拡大しつつ維持しようとする権力の支配にみずからを従属させ、自分で自分自身の生を抑圧することに結びつく。その徴候はすでに、広島という街そのものが空洞化して郊外と化し、郊外型の画一的な消費を促進する企業——そこには当然ながら文化産業も含まれる——の市場となりつつあることに、はっきりと表われていよう。

それればかりではない。このような文化の植民地化とでも言うべき事態は、広島という都市の存在理由をなしているとも言われる「平和」の「発信」が、平和が渇望されている世界的な状況に応答しえなくなりつつあることとも無関係ではないだろう。その「発信」は今や、「グローバル」な資本の秩序の「安全保障」のために、いわゆる「テロとの戦争」が世界化しているのみならず、日常生活も戦争状態と化しつつある状況のなか、いったいどのような「平和」を語りうるのか、という問いについての省察を欠いたまま、この戦争を押し進める権力とみずからを同一化させる——平和行政の側から聞かれる「オバマジョリティー」なるキッチュなスローガンが実質的に意味するものはこれ以外の何ものでもない——という倒錯にまで陥りつつある。もしかするとそのことは、広島の人々のあいだで、暴力によって維持される「治安」にまで縮減された「安全」と、みずからが他者とともに生きるために追い求められるべき「平和」との差異を感知する力さえ麻痺しつつあることを暗示しているのかもしれない。

このように、美的表現の場としての文化と、それによって肯定されるべき生の双方が直面している危機が、臨界点とも言うべき閾値に達しつつある今、広島でいったい何ができるのだろう。このまさに危機的な状況のなかで、生を抑圧する暴力としての権力に抗しうる文化を想像し、創造する力を広島の人々のなかにどのように回復しうるのだろうか。こうした差し迫った問いを前にして私たちは、この危機をじかに招来させていると思われる問題をそれとして取り上げ、論じるのではなく、むしろいくつかの映画作品を紹介し、その主題を議論する場を設けたり、広島の現在を、世界的かつ歴史的な文脈のなかに位置づけながら見通していく場を設けたりすることにした。それをつうじて、無数の生を多様なままに肯定することに開かれた、そうであるがゆえに抵抗であらざるをえない表現の文化を、まさに危機的《クリティカル》な今ここで想起し、想像し、創造する回路を開こうと考えたのである。そのように、危機的な現在を文化の新生の場に転換させるきっかけをもたらそうという意図をもって、映画上映会やシンポジウムを二〇一一年の一月末から二月上旬にかけて続けて開催する「表現の臨界点《クリティカル・ポイント》――広島の現在と赤狩り、安保、沖縄」が、広島市立大学社会連携プロジェクト研究「ヒロシマと世界をつないで平和を探究する映像文化の形成」の事業として、ヒロシマ平和映画祭実行委員会との協働の下で企画された。

ここで、「表現の臨界点《クリティカル・ポイント》」というテーマでの企画の全体を概観しておくと、まず一月二八日に、ヒロシマ平和映画祭二〇〇九のプレ・イヴェントでも取り上げられた、藤本幸久監督のドキュメンタリー作品『Marines Go Home 2008――辺野古・梅香里・矢臼別』(二〇〇八年)を上映し、戦争する力に抗い続ける人々の声に応えながら、広島を沖縄、さらには東アジアへ開いて「平和」を問い直す議論の場を設けた。沖縄の辺野古で、韓国の梅香里《メヒャンリ》で、そして北海道の矢臼別演習場のなかで屈せずに闘い続ける人々の姿を追った、抵抗という仕方で生きることへの共感に満ちた映像を、米軍のヘリパッド建設に抗い続ける沖縄の高江の人々や、中国電力の上関原子力発電所建設を止め続けている祝島の人々のことを思いながらあらためて見たうえで、東アジアという次元で平和を考えることを語りかける二人の表現者——広島在住のアーティスト范叔如《ファンシュウルウ》と、朝鮮文学の研究者であるとともに訳者、役者でもある崔真碩《チェジンソク》——のコメントをきっかけとして、藤本監督も交えながら、今ここで東アジアの人々とともに生きるために平和を考える回路を模索する議論を行なった。

次に、二月一日には、スーパーマーケットで働く女性たちが職場の売り場やレジを占拠する運動を追った金美禮《キムミレ》監督のドキュメンタリー作品『外泊』（二〇〇九年）を上映した。レジ係の外注化や新しい賃金体系によって、正規社員と非正規雇用の労働者の差別を固定しようとする経営側のやり方に対して、両者が協働して立ち上がり、五百十日にわたりスーパーを占拠したばかりでなく、まさに「外泊」によって労働闘争の場をみずからの家族的役割からの解放の場にも変えていった女性たちの姿を追った作品を見た後、上映会場がそのまま占拠の現場になったかのような熱気のなか、金監督とともに、抵抗の文化としての運動のありようや、それが現在の法秩序の下で直面せざるをえない困難などを語り合った。

先に触れたように、二月五日には、「広島の現在と抵抗としての文化——政治、芸術、大衆文化と広島」というテーマでシンポジウムを開催したわけだが、当日はそれに先立って二本の映画も上映した。最初に上映したのは、バートランド・ソーズィエー監督の『審問の極意――ブレヒト対非米活動委員会』（一九七九年）――ちなみにこの訳題は、原題をそのまま訳したものではなく、映画の内容を汲んだものである――であるが、この時の上映はその日本語字幕版の初公開でもあった。映画は、冷戦初期のアメリカ合州国で赤狩りの嵐が吹き荒れるなか、当時亡命者として合州国内に留まっていたドイツの劇作家にして詩人であるベルトルト・ブレヒトが、いわゆる「ハリウッドの十人」とともに、当時赤狩りのための異端審問所として機能していた非米活動委員会の審問を受けたときの記録をもとに、その様子をドラマで再現した映画である。このなかでブレヒト役を演じたデイヴィッド・ロスハウザー――彼は広島でも公開された映画『Hibakusha, Our Life to Live』（二〇一〇年）の監督でもある――をつうじてこの映画が紹介されたのを機縁として、これに日本語字幕が付けられることになったのである。

英語のシナリオの翻訳は、国際交流の現場で類い稀な通訳の能力を発揮し続けている服部淳子が担当し、映像への日本語字幕の挿入は、ヒロシマ平和映画祭実行委員会の代表を務める映像作家青原さとしが担当した。二人の尽力により『審問の極意』は、「赤狩り」を今日の社会の問題として考える契機を与えるのみならず、「共産主義者《アカ》」と同定しようとする審問をのらりくらりとかわすブレヒトの口ぶりと身ぶりによって、一人ひとりを規格化する訓育の視線を逃れる身体技法をも見直させる作品として、好評をもって迎えられた。

二月五日のもう一本の上映作品は、リンダ・ホーグランド監督の『ANPO』（二〇一〇年）だった。

すでに各地で上映され、大きな反響を呼び起こしたこの作品について、ここで多言は要しないだろう。いわゆる「六十年安保」に何らかの関わりを持ったアーティストの証言を軸に、その作品を紹介しながら、安保闘争の時代をアートがどのように表現したのかを追うこのドキュメンタリー作品が、「安保」という日本とアメリカ合州国の関係に対する歴史的な反省を迫るものであるのは確かである。とりわけ、「安保」という関係が自明となることが、戦争の記憶の忘却と結びつくことを振り返らせ、またその関係の歪みがとりわけ沖縄の人々に対する暴力となって表われてくることを考えさせるだけでなく、同時代の現実と芸術的表現が正面から切り結んだ一時期があったことを想起させる点は、この映画の特質として、あらためて銘記されるべきことと思われる。しかし、そのような時期があった、ということがあまりにもノスタルジックに物語られ、「安保闘争」の歴史が、その時代を生きた人々のものとして閉じてしまっているように見える点や、個々の作品の全体像を美しく映像で見せることによって、作品の力を削いでいる印象を与える点に対して、上映に続くシンポジウムの席上でいくつか批判的な評言が聞かれたことは、付言しておかなければならない。

二月一三日に、「表現の臨界点《クリティカル・ポイント》」のテーマでの連続企画の最後を飾るかたちで行なわれたのは、富田克也監督の『雲の上』（二〇〇三年）の上映と、富田監督を囲んでのトーク・ショー、そしてヒデヨヴィッチ上杉とのっこんという二人のミュージシャンによるライヴであった。残念ながら、私は当日それらに立ち会うことは叶わなかったが、ヒロシマ平和映画祭二〇〇九で上映された『国道二〇号線』（二〇〇七年）——これは先に触れた、資本による郊外化を鋭く抉り出した作品である——によって鮮烈な印象を残した富田監督の初期作品『雲の上』は、八ミリフィルムによる自主制作の作品で、困難な制作環境にあっても、一つの結界とも呼ぶべき閉じた世界を深く掘り下げる映画を作ることが可能であることを、見事に示していたと聞いている。

「勝手に映画を撮る方法」と題されたトーク・ショーは、富田監督とともに映画を作り続けている相澤虎之助も加わって、制作中の作品『サウダーヂ』(二〇一一年)にまつわるエピソードを交えながら、映画の制作環境が刻々と変化し、新たな困難に直面するなか、表現者として何を試みうるのか、既成の権威にけっして寄りかかることなく、自分たちの手で映像表現を産み出していく可能性を熱く語る内容だったとのことである。さらに、ヒデヨヴィッチ上杉とのっこんによるライヴは、最小限の編成のなかから、暴力による生の抑圧に抗いつつ生きることに寄り添う音楽を力強く響き渡らせ、多くの聴衆がみずからの生を肯定しつつ、歌う喜びを共有したと聞いている。これらは、広島の困難な状況のなかから、生きることに然りと言う美的表現を、手持ちの限られた素材と手段を最大限に生かして産み出してこうとする試みを、大いに力づけるものだったのではないだろうか。

最後に、二月五日に「広島の現在と抵抗としての文化――政治、芸術、大衆文化と広島」というテーマで行なわれたシンポジウムを振り返っておくと、このシンポジウムの柱をなすのは、「〈抵抗の文化〉を想起する」という表題で行なわれた東琢磨の基調講演である。その豊饒な内容はとてもひと言では要約できないが、広島から語られる「平和」が陳腐であることを通り越し、日常の戦場化を隠蔽する茶番と化していることを指摘したうえで、その根底にある問題として、「平和」を語る言説が、体制側に「認められる」ため、法と科学の言葉で自己正当化することによって狭義の政治に絡め取られる以前にあった、それ自体抵抗であるような「うた」の力が忘却されてきたことを挙げ、軍都における抵抗としてのモダニズム文化の記憶を、ノスタルジーを交えることなく想起することが、「平和」を語ることを含めた文化の再生へ向けた鍵になることを示唆するもの、とひとまずは言えよう。この講演は、最初に述べたように、軍都の記憶もろとも、軍都の下での美的表現の記憶も忘れ去ってきた、広島の長い忘却の歴史を正面から衝き、それを逆撫でしているという点でも、また広島も巻き込んだシュルレアリスムの世界的展開に触れながら、「新たな野蛮人」として、飼い馴らされえない生そのものを肯定するとともに、それを抑圧する力に抵抗する文化を想像し、創造する道筋を示唆しているという点でも、画期的なものと思われる。

この基調講演に続いては、井上間従文《まゆも》、小田智敏、上村崇の三人のパネリストが行なった発言を軸に、シンポジウムの議論が繰り広げられた。パネリストそれぞれの主張については、『広島の現在と〈抵抗としての文化〉——政治、芸術、大衆文化』（柿木伸之編、ひろしま女性学研究所、二〇一一年）に収録されたシンポジウムの記録に譲るとして、全体の概略を敢えて述べるなら、三人の発言は、生きることの規格化が、ネオリベラルな経済活動の場としての社会の無数の局面に浸透しつつあることを指摘し、かつネオリベラリズムの陣営とそれに対抗する側の双方に見られる現在中心主義を批判するとともに、生きることへの欲望を肯定する仕方で、すでに物語られた歴史の残余を感知しうるような歴史的感性を持つことが、死者を含めた他者と共振してしまうみずからの生を肯定していく文化の起点になると論じ、さらにはそのような文化を現実に築いていくための空間の機能転換の戦略や、身体技法としてのアートにも言及する、きわめて豊かな内容を含んでいる。

むろん、例えば、冷戦初期のとくに表現者を対象とした「赤狩り」を、「太平洋戦争」開戦とともに最初に触れた山路商らが逮捕された「広島シュルレアリスム事件」などと関連づけながら考察し、「赤狩り」を現在の問題として捉え直すといった、議論しきれなかった主題があるのは間違いない。そうした主題についてあらためて議論する場を——例えば、来たるべきヒロシマ平和映画祭二〇一一の期間にでも——設けられればと思う。ただし、そのことを踏まえたうえで、ここで強調しておきたいのは、広島の危機を世界的、歴史的な視野をもって見通しながら、生の肯定としての美的表現の場を広島の地に切り開こうとする、生きることを賭けた思考の足跡が、先のシンポジウムなどを記録した『広島の現在と〈抵抗としての文化〉——政治、芸術、大衆文化』というかたちで広島の地に刻まれたことである。その足跡を辿ることが、みずからの生に対して然りと言う表現の可能性を探る思考のきっかけをもたらすとするなら、あるいは広島の街や別の街に、無数の生をディオニュソス的に肯定する美的強度を孕んだ文化の空間を切り開こうとする議論の呼び水になるとするなら、「表現の臨界点《クリティカル・ポイント》」の一連の催しの企画に携わった私たちにとって、これ以上の喜びはない。

追記

本稿は、ヒロシマ平和映画祭実行委員会と広島市立大学社会連携プロジェクト研究「ヒロシマと世界をつないで平和を探究する映像文化の形成」の共催で、二〇一一年一月末から二月上旬にかけて行なわれた映画上映会とシンポジウム「表現の臨界点《クリティカル・ポイント》——広島の現在と赤狩り、安保、沖縄」を振り返るかたちで書かれた、『広島の現在と〈抵抗としての文化〉——政治、芸術、大衆文化』(柿木伸之編、ひろしま女性学研究所、二〇一一年)の序文である。本書に収録するにあたり、一部に修正を加えた。なお、『広島の現在と〈抵抗としての文化〉』には、参考資料として、二〇一一年二月五日に上映された映画『審問の極意』のシナリオの日本語訳とともに、映画のなかで、ということは審問の場で読まれなかったブレヒトの声明文の日本語訳なども収録されている。さらにもうひと言付け加えておくと、二〇〇八年秋にアーティスト集団Chim↑Pomが広島の空に「ピカッ」という文字を飛行機の排煙で描いた行為については、後に、このアーティスト集団と阿部謙一により、『なぜ広島の空をピカッとさせてはいけないのか』(河出書房新社、二〇〇九年)という論考、対談集が編まれ、そこで立ち入った議論が行なわれている。映画『BAD BOYS』の撮影には、フィルム・コミッションの一部の職員が、映画人の良心をもって早くから手弁当で協力していたことも付言しておきたい。本稿は、二〇一〇年度広島市立大学社会連携プロジェクト研究「ヒロシマと世界をつないで平和を探究する映像文化の形成」の成果の一部である。

抵抗としての文化を継承し、生の肯定を分かち合う
——ヒロシマ平和映画祭二〇一一における「抵抗としての文化」プロジェクトによせて——

I　危機の時代に文化を根底から再考する

ご紹介に与りました広島市立大学国際学部の柿木です。ご参加のみなさま、シンポジウム「抵抗としての文化の想像／創造へ向けて」へ師走のお忙しいなか、また非常に寒いなかお越しくださり、心から感謝申し上げます。このテーマについて充分なお話ができるか、いささか心許ないところではありますが、文化、とりわけ抵抗としての文化をめぐって広島で最近考えているところを、しばらくお話しさせていただきたいと思います。よろしくお付き合いください。このシンポジウムは、「抵抗としての文化II」というタイトルのヒロシマ平和映画祭二〇一一と広島市立大学の社会連携プロジェクト研究の共同企画の一環として行なわれているのですが、「II」と称するからには、当然ながら「I」に相当するものがありました。すでに司会の東琢磨さんからもご紹介がありましたが、東さんをはじめヒロシマ平和映画祭実行委員会の主要メンバーと私が中心となって、今年の一月下旬から二月上旬

にかけて、同様の共同企画として「表現の臨界点《クリティカル・ポイント》――広島の現在と赤狩り、安保、沖縄」というテーマの下、映画の上映会やシンポジウムなどを四回にわたって開催しました。そして、そのシンポジウムのテーマが、「広島の現在と抵抗としての文化――政治、芸術、大衆文化と広島」だったのです。

今回は司会を務めてくださっている東さん、そして今回もパネリストとして参加してくださっている井上間従文《まゆも》さん、小田智敏さん、上村崇さんと繰り広げたこのシンポジウムの議論の詳細につきましては、その記録として編まれた『広島の現在と〈抵抗としての文化〉――政治、芸術、大衆文化』（ひろしま女性学研究所、二〇一一年）を、ぜひご参照いただきたいと思います。なかでも、そこに収録された東さんの基調講演「〈抵抗の文化〉を想起する」は、戦前からの広島の抵抗の文化を、世界的な芸術運動――すでにこれが抵抗そのものですが――の文脈に位置づけながら、その起爆力を、つねに低強度の戦争状態にある現在に呼び起こそうとするもので、戦前から広島で活躍していた画家山路商の活動の意義に触れている点も含め、非常に貴重なものと言えます。

このような前回のシンポジウムの議論は、たしかに濃密なものではありましたが、もちろんその枠内では論じきれない問題も多々ありました。それに、私のこれからのお話のなかでも触れますように、表現をめぐる危機的な状況は今も続いています。三月に東日本大震災と福島第一原子力発電所の過酷事故が起きてからは、この社会はいっそう息苦しいものになっているのではないでしょうか。そこで、ヒロシマ平和映画祭の実行委員会で、ヒロシマ平和映画祭二〇一一の期間に、映画の上映会と組み合わせるかたちで、「抵抗としての文化」をめぐる議論を継続するシンポジウムを企画することを決めたわけです。今回のシンポジウムの趣旨をまとめた拙文が映画祭のガイドブックに掲載されておりますので、ご参照いただけると幸いです。

シンポジウム「抵抗としての文化の想像／創造へ向けて――オキナワとヒロシマから考える」開催趣旨

一つとして同じものはなく、また同じものであり続けることもない生を心底から欲し、そのような生を、その苛烈さも含めて何一つ差し引くことなく肯定すること。文化とは、このディオニュソス的な肯定そのものである。そして、一つひとつの生をその強度もろとも肯定するとは、この世界のざわめきをなす無数の、それぞれ特異な声たち――今回の映画祭のテーマである"Different Voices"――に耳を澄まし、未だ声として響いていないその囁《ささや》き――それは、死者たちの声の谺《こだま》でもあろう――と身体を共振させることでもある。そこにある振動が、既成の規範を揺さぶりながら、詩、絵画、音楽、映像などを媒体とする文化の営為を内側から動かし、これらの表現に美的な強度を賦与するのだ。このような事態のうちに、アドルノが「ミメーシス」と定義した芸術の根源を見て取ることもできよう。

とすれば、生――それはベンヤミンの言う「死後の生」でもある――の肯定としての文化は、生きることを型に嵌め、収奪する力に対しては刃向かわざるをえない。そのような抵抗としての文化を語ることは、二〇一一年三月一一日の大震災以後、いっそう差し迫った課題となりつつある。ヒロシマ平和映画祭と広島市立大学社会連携プロジェクト研究は、すでに二〇一一年二月五日に、美的表現がほとんど不可能なまでに息苦しい広島の現在に風穴を空けるべく、「抵抗としての文化の想像力を問う映画上映会&シンポジウム」――これが「抵抗としての文化を語るI」に当たる――を開催し、とくに軍都廣島における抵抗としての文化を想起しながら、この息苦しさに抗う可能性を探り出そうと試みているが、今回の上映会とシンポジウム「抵抗としての文化を語るII」は、大震災後の状況を視野に入れながら、こうした問題意識を引き継ぐものである。

今回の上映会とシンポジウムは、映画を、さらにはその物語を内側から解体する抵抗としての映画、奥間勝也監督の『ギフト』とストローブ&ユイレ監督の『アンティゴネー』を上映し、これらの作品の強度を受け止めることから始めたい。そして、抵抗としての文化の遺産を今どのように継承しうるのか、生きる場を奪い、生きることを内側から脅かしつつある力に抗う文化を、今ここでどのように想像/創造しるのかを探る議論を、奥間監督と比較文学者の井上間従文氏を交えて繰り広げていきたい。

〔ヒロシマ平和映画祭実行委員会編『ヒロシマ平和映画祭二〇一一ガイドブック』(ひろしま女性学研究所、二〇一一年)より転載〕

この拙い文章は、生を深く肯定する営みとして文化を捉え返そうとする私の立場から書かれたものです。そして、そのような意味での文化の営みは、抵抗の身ぶりを伴わざるをえないという思いを、日に日に強くしております。

さて、私は今回のヒロシマ平和映画祭に実行委員として関わっていますが、基本的には哲学の徒でして、近代および現代のドイツ語圏の哲学、なかでも二十世紀ドイツの哲学と美学を研究の専門領域にしております。その立場からしますと、ドイツにおける「文化《クルトゥーア》」の概念が、十八世紀末から十九世紀初頭にかけて、「教養《ビルドゥンク》」の概念とも結びつきながら、とくにフランスの「文明《シヴィリザシオン》」概念との対立関係において発展してきたことを、最初に指摘しないわけにはいきません。つまり、ドイツでは、「教養」という一人ひとりの人間の精神的な完成の理念が、文化の発展を導くものとされていたわけですが、これは今日の「文化」という語の語源の一つとされるラテン語のcultura animi、すなわち中世以来の「魂の陶冶」の伝統にもとづく文化観とも言えるでしょう。ただし、日本語でも人格の陶冶と言われる次元は、ドイツではロマン主義に至る思潮のなかで、ドイツ固有の民族精神の高揚と同一視され、それによって「文化」の概念は、ヨハン・ゴットリープ・フィヒテの講演「ドイツ国民に告ぐ」などに表われるように、ナポレオン戦争後のドイツのナショナリズムとも深く結びついていきます。それとともに、フランスの啓蒙主義的な、普遍的理性の立場を示す「文明」の概念との対立の構図が作られていったのです。

その後、ドイツにおける「文化」の概念は十九世紀末頃から、フリードリヒ・ニーチェらに端を発する、いわゆる「生の哲学」の影響の下で理論的に深化されることになります。その代表例を示すのが、例えばゲオルク・ジンメルの思想でしょうか。しかし、その後ドイツにおける「文化」の理論は、

『西洋の没落』を書いたオズワルト・シュペングラーらによって、ナショナリズムを喚起する神話的な「ドイツ精神」の顕揚と結びつき、ファシズムとも共犯関係を結ぶに至ります。そのようなドイツにおける「文化」概念の問題を見据えながら、私は、あらためてニーチェの思想を、その毒も噛みしめながら省みることで、生を深く肯定する、さらには生を分有する可能性において、文化を捉え直す必要があると考えています。なぜなら、ニーチェは、「生の哲学」の文脈で語られている以上に生きること自体を深く掘り下げ、生をその根本的な偶然性や非完結性において肯定しようとしているからです。このような思想を、彼は晩年に、「永遠回帰」や「運命愛《アモール・ファティ》」といった言葉で表現しようとしていたのではないでしょうか。

　ここでニーチェの哲学そのものに立ち入る余裕は残念ながらありませんが、彼が芸術などの美的経験の考察を通して生きることの深みに降り立ち、そこにある「狂気」にも通じる衝動の蠢《うごめ》きのようなものにまで迫っているところには、文化をその可能性において考えるうえで重要な思考が含まれていることは、指摘しておかなければならないと思います。彼はすでに『悲劇の誕生』（塩屋竹男訳、ちくま学芸文庫、一九九三年）において、生の根源的な悲劇性に論及していますが、そのなかで彼は、生きること自体の無意味さをも露呈させてしまうこの悲劇性を直視し、それを歌うこと——それは歌われなければならないのです——を、さらにはその時間性を、演劇としての悲劇の空間的形式のうちに救い出す可能性において、ギリシア悲劇を捉え直そうと試みています。

　そのように、来たるべき芸術としてギリシア悲劇をその起源から考察し、その精神の実現の場を同時代のリヒャルト・ヴァーグナーの楽劇のうちに見る『悲劇の誕生』のニーチェの行き方には、たしかに問題視されるべき点が含まれていることでしょう。しかし、生を悲劇的なその根底まで掘り下げながら、それでもなお生きることに対して——後年の彼の言い方を借りるならば——、「何かを差し引いたり、除外したり、選択したりすることなく、ディオニュソス的に然りと言うこと」(『権力への意志(下)』原佑訳、ちくま学芸文庫、一九九三年、五一八頁)の可能性を、緊張が漲り、強度に満ちた——そのことは、ニーチェによれば、ディオニュソス的なものとアポロン的なものの拮抗にもとづいています——芸術のうちに探る彼の思考の基本的な方向性は、何ものにも外から操作されることのない、生の息吹としての魂を賦活する文化の営為を、哲学的ないし美学的に考察するうえで、きわめて重要であると考えられます。少なくとも、ニーチェの思考を通過することなく、例えば現代におけるオペラの可能性を考えることはできないはずです。ちなみに私は、現代の音楽、そしてオペラにも関心があり、広島でこれらに関わる仕事もさせていただいています。

ところで、二十世紀の哲学を専門領域とする私からしますと、「生の哲学」とは異なったかたちで「生」を主題とし、それを深く肯定する思考が、二十世紀前半、とくに第一次世界大戦敗戦直後のドイツで、ユダヤ系の思想家によって展開されていることも忘れるわけにはいきません。例えば、フランツ・ローゼンツヴァイクの『救済の星』(村岡晋一他訳、みすず書房、二〇〇九年)は、一人ひとりの死に対する恐怖を、「全体」を語ることによって消し去ることはできない、という洞察にもとづいて、人間が他者との対話のなかで個として生きる場を、とくにユダヤ教とキリスト教の共存のうちに探り、真に生きることの門口へ向かおうとしています。そのような宗教哲学の構想は、第一次世界大戦のバルカン半島の前線で練られ、その後一九二一年に一書にまとめられて公刊されるわけですが、奇しくも同じ年に、「たんなる／剝き出しの生」を罪と運命のうちに囲い込む「神話的暴力」を批判して、「生ある者のため」の「神的暴力」による暴力の歴史の中断を語るヴァルター・ベンヤミンの「暴力批判論」（山口裕之編訳『ベンヤミン・アンソロジー』河出文庫、二〇一一年、所収）も発表されているのです。

さらに、ベンヤミンの「暴力批判論」では、紛争の非暴力的解決をもたらす「心の文化《クルトゥーア》／陶冶」も語られています。彼にとってその鍵を握るのは言語です。しかも、彼にとって言語とは、俗にいう「コミュニケーション・ツール」ではありません。情報伝達や意志疎通のための道具として機能するに先立って、言語そのものはむしろ、遭遇した他者の存在を受容し、肯定しながら、その他者とのあいだを開きます。言葉を発するとは、根本的には、すでにして応答であるような呼びかけであり、他者をその名で呼ぶとき、他者とともに生きる世界が、リアリティをもって立ち上がってくるのです。このことは、新生児にその固有名を与え、その名で呼びかけて親子の関係を育むことを思い浮かべるなら、理解しやすいでしょうし、ベンヤミンがその言語論「言語一般および人間の言語について」（前掲『ベンヤミン・アンソロジー』所収）のなかで重視するのもその場面です。そして、彼の考えに従うなら、そのようにして自分が生きる世界を切り開きつつ、他者との関係を最初に築く言葉を交わし、他者と現実を分かち合うなかで、ともに生きる関係を実質的なものにしていくのが、不断に暴力を乗り越えていく文化にほかなりません。ベンヤミンは、他者とともにある生の肯定を、言葉をもって分かち合うところにこそ文化があると考えているのではないでしょうか。

　こうしてニーチェやベンヤミンが示す生を肯定する思考を辿るなら、生きることを、その割り切れない暗部もろとも芸術作品の強度において肯定し、それを言葉で分かち合うところに文化が形成されると考えられます。また、現代ドイツの哲学者ヴェルナー・ハーマッハー（『他自律――多文化主義批判のために』増田靖彦訳、月曜社、二〇〇六年）が、文化そのものを複数性において捉える方向性を示していることも、ここで併せて指摘しておくべきかと思います。彼によると、文化はつねに複数形にあり、生成の途上にあるわけですが、「日本文化」と呼ばれているものにさえ刻印されている根本的な雑種性《ハイブリディティ》と、人々の行き来がもたらす、もはや「日本文化」と括ることさえ不可能な雑種性の増殖こそが文化であることを省みるなら、彼の洞察を理解することはそれほど難しくないのではないでしょうか。文化とは、ベンヤミンの晩年の親友だったハンナ・アーレントの顰みに倣うなら、誕生の初めから人が生きている、人間の複数性の肯定そのものと言えます。

　詩的な言葉を含む言葉を媒体として、生の深い肯定を他者と分かち合うことによって、生きることを根底から耕し、養い、解き放つ営為としての文化、まさにその意味で英語のcultivateという動詞に由来する文化《カルチャー》は今日、とりわけ二〇一一年三月一一日以後、生きることに踏みとどまる抵抗であらざるをえないのではないでしょうか。東日本大震災とともに起きた福島第一原子力発電所の過酷事故後の政府当局の原発周辺住民に対する対応は、例のSPEEDI隠しを含め、国家というものがいかに容易に棄民に走り、人の命を軽んじるかを見せつけるものでした。原発をあれほど自然災害の危険がある場所に造って動かしてきた日本という国家の正体が露わになった、と言うべきでしょうか。しかも、そのような国家の権力は、人々にその身体の内側を、生命を根幹から脅かす放射線に曝すことを強いつつあります。

このように、日本という国家を成り立たせている権力は今、神話としての科学と癒着しながら、人々の身体をモルモットやロボットとして使えるだけ使おうとしているわけですが、こうしたやり方を糊塗するかのように、「日本」や「絆」の神話が顕揚されているのです。これらの神話がマス・メディアによって、ある種の「わかりやすさ」を帯びて流布するなかで、人々は資本の増殖過程に搦め捕られ、自分を使い捨ての対象としての「人材」にしています。こうして、人々がみずからのかけがえのない生命を、自分の手で否定するなかで、まさにミシェル・フーコーの言うとおり、生に対する権力が下から再生産され、それとともに、生きることがその根幹から蝕まれているのです。生命の息吹としての魂を開拓し、解放する営みとしての文化は、このような今に至る歴史の流れと、それを貫く暴力に抗うところにしか生まれません。今、その質が問われていると言えるでしょう。

現在日本列島を覆いつつある新自由主義的なファシズムは、資本の「成長」としての「復興」に、ひいては原発再稼働へのプロセスに人々を動員しています。インターネット上のものを含めたマス・メディアを駆使したそのやり方は、歴史修正主義と排外主義を背景とした新種の「赤狩り」をも伴っています。それに乗って歴史を否定し、他者を否認したところで「日本」の名の下に束ねられること――今日のファシズムはそれを狙っているわけですが、それによって人々はさらに孤立を深めながら、自分自身の生を幾重にも否定するかたちでストレスを溜め込んでいきます――に対する抵抗の拠点として、文化の営為を再考することが求められているのではないでしょうか。そして、ここにあるのは、生きることに踏みとどまるという意味での抵抗ですが、それは何よりもまず、「コンテンツ」として消費されることに対する抵抗のうちに見て取られうると考えられます。

さらに言えば、テオドール・W・アドルノの言う「文化産業」(マックス・ホルクハイマー、テオドール・W・アドルノ『啓蒙の弁証法――哲学的断想』徳永恂訳、岩波文庫、二〇〇七年、参照)のエコノミーに抗う美が、生の深奥を開き、生そのものの根源的な非同一性を告げるのに打たれる瞬間にこそ、文化の可能性が開かれているのです。真に詩、絵画、音楽、映画と呼べると同時に、これらの既成の分類の枠組みを破壊するような強度を放つ作品は、言うまでもなく、「わかりやすさ」に落とし込まれることに対する抵抗を示すものですが、この作品の強度と結びついた抵抗の前に立ち止まり、それによって感じ取られる作品に独特の美を他者と分かち合おうとするところから、生きることに踏みとどまり、生きることをつなぐ文化が育まれていくはずです。このとき文化とは、他者とともに、ひいては死者とともにある生の場を、生の深い肯定とともに切り開いていく営みにほかなりません。

今日抵抗の身ぶりを伴わざるをえない、生の深い肯定を分有する文化を、文化の概念をめぐる思想史を踏まえて、おおよそこのように構想することができるかと思いますが、その構想を実現する道は、とりわけここ広島においては相当に険しいと言わざるをえません。毎年ちょうどこの時期になりますと、「ひろしまドリミネーション」なるイルミネーションが、平和公園の南側を走る平和大通りを埋め尽くし、それに人々が群がります。この官民一体のライトアップ事業に、人寄せ以外のどのような意味があるのか、まったく理解しがたいのですが、それを彩る「おとぎの国」のオブジェのキッチュさ加減は、毎年五月の連休の時期に、同じ場所に恐ろしい喧騒を産むフラワーフェスティバルのオブジェのキッチュさとまったく同断です。要するに、過去に起きたことも、今世界で起きていることも何もかも忘れた、「おとぎの国」やお花畑の「平和」を「わかりやすく」演出して、「にぎわい」を産みさえすれば、そこに置かれるのは何でもよいわけです。

こうした「お祭り」に官民一体で血道を上げることが——他方で、例えばフラワーフェスティバルのなかで披露される地元の伝統芸能などに素晴らしいものがあることも承知していますが——、真摯かつ地道に美を追い求める芸術の営みや、原爆文学をはじめとする広島の文化の遺産を継承しようとする事業にとって、いかに重大な損失をもたらすかは、想像に難くないと思います。こうした官民の癒着は結局のところ、消費による資本の増殖を志向するものでしかありません。ひと言で言えば、人が来てカネを落とせばそれでよいわけです。このような資本の論理——これが今、世界中を植民地化しながら戦争を遍在させているのではないでしょうか——に「平和」を語る言説さえも容易に搦め捕られてしまうことは、先頃のオリンピック騒動や「オバマジョリティー」キャンペーンを見れば明らかでしょう。そして、そうなってしまう危険性は、広島の「平和文化」自体のうちに、すでに伏在していたと考えられます。

例えば、世界中で「原爆展」——それをつうじて原爆被害者のメッセージを伝えること自体の意義は、いくら強調しても足りないでしょう――を開いてきたこの「平和文化」は、過剰なまでに「わかりやすさ」を求めながら、表象としての自己を「アピール」することに軸足を置いているように見えてなりません。このことが、他者の苦悩に対して目を閉ざすことだけでなく、原爆の記憶を継承することに必然的に付きまとう困難を捨象することにも結びついてしまっているのではないでしょうか。原爆に遭った者の証言に耳を傾け、広島の地で何が起きたのかを想起しようとすることは、表象の限界に直面せざるをえません。あの日のあの時にその場にいなかった者は、断絶を目の当たりにせざるをえないのです。とはいえ、その際に深淵を正視することこそが、原爆の記憶を新たに呼び起こすことを可能にするのであり、こうして絶えず新たに想起されることを抜きにしては、原爆の記憶の継承はありえないはずです。

にもかかわらず、生き残っている原爆の被害者が徐々に少なくなっていくなかで、原爆の記憶が「わかりやすい」イメージに還元される「平和文化」の傾向が、ここ広島では強まっているように思えてなりません。例えば、新聞報道などをつうじて漏れ聞こえてくる平和記念資料館の展示のリニューアルの方向性に対しては、そうした危惧の念を払拭できません。原爆の犠牲者の遺品や原爆の威力を伝える遺物の展示が軸に据えられること自体は、たしかに歓迎されるべきことかと思われますが、それを補完するものが、例えば、ある視点から一つのストーリーに編集された証言のアーカイヴ映像であったり、コンピューター・グラフィックスを多用したジオラマであったりするなら、結局は、生者にとってのスペクタクルとして原爆が歴史化されてしまうのではないでしょうか。それによって一つの問いも生じない、一種の「わかりやすさ」が展示に具わるとするならば、それによってむしろ原爆は消費され、忘れ去られてしまうだけでしょう。それに、このスペクタクルとしての「歴史」を物語る視点は、原爆を落とされる側ではなく、むしろ落とす側にあると思われます。

このような大勢順応主義的な原爆の歴史化や文化のキッチュへの退行が進みつつある現在に、抵抗の塊とも言うべき作品をぶつけ、生きることとそれを分かち合うことに結びつく文化のあり方を根底から再考する契機をもたらそう、というのが今日の上映会とシンポジウムを準備するなかで個人的に思い抱いていたことです。そのことに関連してここで触れておきたいのが、先ほど上映された作品の一つ、ジャン＝マリー・ストローブとダニエル・ユイレの『アンティゴネー』（ドイツ、フランス合作、一九九一年）です。この映画は、物語やスペクタクルとしての映画への抵抗を貫き、戦争の歴史に、その神話に抗う言葉を屹立させた、抵抗そのものとしての映画と言えるのではないでしょうか。

II　ストローブとユイレの映画『アンティゴネー』について語り残したいくつかのこと

湾岸戦争の年に作られた『アンティゴネー』という映画の全般的な特徴や、ソポクレスの悲劇『アンティゴネー』の筋については、ヒロシマ平和映画祭二〇一一のガイドブック所載の拙稿に記しておきましたので、ここでは、拙稿に盛り込めなかったこの映画のいくつかの特徴に触れておきたいと思います。まず、戦死し、逆賊とされた兄ポリュネイケスの遺骸を手厚く埋葬しようとするアンティゴネーの哀悼の行為についてですが、これは、異性愛的な家族の規範にもとづくジェンダーに囲い込まれない者の位置から、国家の暴力に、さらには反逆者を抹殺する国家の歴史に抵抗する行為と言えるでしょう。実際、ジュディス・バトラーによると、アンティゴネーの位置は、親族関係にまで浸透した国家権力の眼差しを逃れていくものです。アンティゴネーは、オイディプスが自分の母親イオカステと交わることによって生まれた娘であり、オイディプスにとっては妹でもあります。そうすると、彼女の二人の兄は同時に甥でもあることになります。さらに、クレオンはアンティゴネーを「男のよう」とも形容しているのです（ジュディス・バトラー『アンティゴネーの主張――問い直される親族関係』竹村和子訳、青土社、二〇〇二年、参照）。彼女のこうした特異な位置を確認することは、抵抗としての哀悼の強度を測るうえで重要なことと考えられます。

そのようなアンティゴネーの抵抗の身ぶりを、彼女の強い言葉とともに突きつける映画は、フリードリヒ・ヘルダーリンのドイツ語への抵抗と、ベルトルト・ブレヒトの赤狩りと戦争の忘却に対する抵抗とを、一つながらに響かせるものでもあります。まず、この映画は、ソポクレスの『アンティゴネー』のヘルダーリンによるドイツ語訳を、ブレヒトが一九四八年にさらに改訂したテクストを用いています。詩人ヘルダーリンによる『アンティゴネー』のドイツ語訳は、当初「怪物のような」逐語訳と酷評されました。しかし、ベンヤミンは「翻訳者の課題」（前掲『ベンヤミン・アンソロジー』所収）という翻訳論のなかで、このヘルダーリンの翻訳を、文学作品の翻訳の「原像《ウアビルト》」と高く評価しています。ベンヤミンにとって詩的な言葉の翻訳とは、他者の言葉の細部に寄り添うことで、この異質な言葉の「死後の生」を展開させるとともに、それぞれの言語自体を「母語」の桎梏から解き放って、他の言語と呼応するその生成の運動を活性化させる働きです。そうして言語そのものの表現力を高める翻訳の作用が、ヘルダーリンの翻訳のうちに凝縮されたかたちで表われている、とベンヤミンは見ているのです。

冷戦期アメリカの赤狩りを逃れたブレヒト（その生き残りの技法は、今年二月五日に「抵抗としての文化を語るⅠ」で上映されたバートランド・ソーズィエーの映画『審問の極意――ブレヒト対非米活動委員会』に、非常に興味深いかたちで示されています）は、ドイツにおける戦争の過去を忘れようとする趨勢――それに対する批判は、アドルノの講演「過去を総括するとは何を意味するのか」（『自律への教育』原千史他訳、中央公論新社、二〇一一年、所収）にも見られます――に抵抗して、「怪物のような」ヘルダーリン訳の『アンティゴネー』にもとづいてソポクレスの悲劇を翻案し、ヒトラーとその戦争を想起させています。ブレヒトのテクストにおいて、悲劇の背景となっているのは、アイスキュロスの『テーバイ攻めの七将』に描かれる兄弟の争いではなく、ナチス・ドイツの隣国侵略を思わせるアルゴスの侵略なのです。

さらに、ここで映画『アンティゴネー』の最初と最後に奏でられるベルント・アロイス・ツィンマーマンの音楽に、どうしても言及しておかなければなりません。その表題は《ユビュ王の晩餐の音楽》といって、フランスの劇作家アルフレッド・ジャリが書いた不条理を爆発させる戯曲『ユビュ王』にもとづく七曲から成ります。作曲家が「バレエ・ノワール」という副題を付けたその音楽は、ほぼ全曲コラージュで構成されていて、映画に用いられている終曲では、ヴァーグナーの《ヴァルキューレの騎行》（楽劇《ヴァルキューレ》第三幕への前奏曲）が暗示するナチス・ドイツの戦争の記憶と、エクトル・ベルリオーズの《断頭台への行進》（幻想交響曲の第四楽章）が暗示する、「白バラ」の人々のようなナチスに抵抗した人々の処刑の記憶とが、カールハインツ・シュトックハウゼンの《ピアノ曲九》の上にコラージュされます。それによって苦いアイロニーを叩きつけるツィンマーマンの音楽は、映画『アンティゴネー』に込められた抵抗を象徴するものと言えるでしょう。ちなみに、彼の代表作は、疾風怒涛《シュトゥルム・ウント・ドラング》期の作家ヤーコプ・ミヒャエル・ラインホルト・レンツの戯曲『軍人たち』にもとづくオペラで、そこには、現代の社会に残る性差別の問題や軍人による性暴力の問題が鋭く抉り出されています。

このように、言語、音楽、そして時代の忘却に対する抵抗が込められたテクストと音楽を駆使して構成された映画『アンティゴネー』は、すでに触れましたように、湾岸戦争の年に作られています。この映画はまさに、湾岸戦争と、それを表象するスペクタクルに抗して、シチリアの円形劇場の廃墟における『アンティゴネー』の上演を、その現在性において屹立させているのです。そのようなストローブとユイレによる映画に対する抵抗としての映画の公開に先立って書かれながら、それを予言するかのような一節が、ジル・ドゥルーズの『シネマ』（全二巻、宇野邦一他訳、法政大学出版局、二〇〇六年）に見られます。井上さんのご発言のなかでも、この映画論のことが論じられましたので、その一節をここでご紹介しておきましょう。ドゥルーズはいみじくも、ソポクレスの悲劇『オイディプス王』に登場する盲目の予言者ティレシアスを引き合いに出し、「盲者の、ティレシアスのヴィジョン」（第二巻三五一頁）としての映画を論じているのです。

ドゥルーズによると、「ティレシアスのヴィジョン」として最終的に特徴づけられる映画は、「言葉とイメージの間の往復」としての映画であり、イメージの連続が物語的な流れを形成するのに抵抗するものです。しかも、そのなかで屹立する言葉が出来事を創造すると彼は述べています。「言語行為は出来事を創造するが、出来事のない空虚な空間の中に創造するのである」（第二巻三四〇頁）。ここにあるのは、見ることの極限における映画であり、そこでは人間的な主体が何かを見るという構図が、映画そのものによって乗り越えられ、見ること自体が自律性を獲得します。それとともに、内発的な、もしかすると盲目であることのうちに現われる一つのヴィジョンが、出来事のかたちで立ち上がってくるのです。

最後にもう一つ、この点に触れたドゥルーズの言葉を引いておきましょう。「見ることは、その経験的実践からもぎとられ、不可視であると同時に、それでも見られるしかないような限界へ向かう場合にのみ、自己自律性を獲得する」（第二巻三五一頁）。このような意味で『アンティゴネー』は、「ティレシアスのヴィジョン」そのものとしての映画と言えるかもしれません。それは同時に、不可視の弔いの場を法の裂け目として暗示し続けるという点で、反映画の映画とも言えるでしょう。そこには、今日上映した奥間勝也さんの『ギフト』（二〇一一年）、それから先日この映画祭のなかで上映された東美恵子さんの『AUGUST』（二〇一一年）とも呼応し合うところがあるように思います。『ギフト』には、墓を相続しつつその不可視の内部の排他的構成を解体しようとするところがあり、『AUGUST』の映像からは、不可視の墓の荒廃によって記憶の喪失の危機を暗示する志向性が感じられるのです。

Ⅲ　抵抗としての文化を継承して生きることをつなぐ

これまでいくつかの側面から見てまいりましたように、ストローブとユイレの映画『アンティゴネー』を特徴づけるのは間テクスト的な呼応関係です。ソポクレスの原作、ヘルダーリンによるその翻訳、ブレヒトの翻案、B・A・ツィンマーマンの音楽などの時空を隔てながら緊張関係を結ぶこと自体が、『アンティゴネー』という反映画的な映画を構成するとともに、戦争の現在を鋭く照らし出しているのです。この作品のそのような強度と、それがもたらす現在の状況に対する抵抗とを、今ここでしかと受け止めることが、抵抗としての文化の土壌を耕すことに結びつくはずです。そして、このようにして開かれたかたちで、言わば間テクスト的に作品を読み解きながら、その強度の内実を汲み取ることは、広島の文化の遺産に対しても試みられるべきではないでしょうか。

つまり、冒頭でご紹介した前回のシンポジウム「広島の現在と抵抗としての文化」の基調講演「〈抵抗の文化〉を想起する」において東琢磨さんが論じた、軍都廣島で軍都に抗して、また世界的なシュルレアリスムの運動とも呼応しながら展開されていたモダニズムの文化も、開かれた解釈とともに継承され、そこに内在する抵抗の力が相続されるべきだと思われるのです。広島のモダニズム文化を、世界的な芸術運動の文脈に位置づけながら、星座をなすような呼応関係をそこに見いだし、それによってモダニズム文化の遺産を、新たな光の下に照らし出すことが試みられるべきでしょう。

例えば、山路商を兄と慕った靉光の絵画の美質は、彼と同じく自画像を多く残した同時代のユダヤ系の画家フェリックス・ヌスバウムの絵画との布置において再考されうるでしょう。また、みずからの死を幻視する内容を含む原民喜の戦前の掌編集『死と夢』に関しては、同時代のシュルレアリスムの展開との呼応がそこから読み取られなければならないはずです。そして、同じく戦前の原民喜による『幼年画』（いずれも『原民喜初期作品集――死と夢、幼年画』広島花幻忌の会、二〇一一年、所収）は、まさに同時代に書かれたベンヤミンの「一九〇〇年頃のベルリンの幼年時代」（浅井健二郎編訳『ベンヤミン・コレクション3――記憶への旅』ちくま学芸文庫、一九九七年、所収）と照らし合わせながら読み返されるべきではないかと思われるのです。

なかでも、死の風景を幻視し、死者の回帰を重要なモティーフとする原民喜の『死と夢』シリーズは、死者の記憶のトラウマ的とも形容しうる非随意的な回帰のなかで書かれ、彼岸と此岸の閾《しきい》を往還する、原の晩年の「鎮魂歌」（『新編原民喜詩集』土曜美術社出版、二〇〇九年、所収）などの世界に直接通じるものと言えます。その世界を、同じく死者を想起するなかから書かれたパウル・ツェランの詩の世界と接続させることは、私自身に課しておきたいと思います。それをここでほんの少しだけ試みるとするならば、例えば、ツェランの第一詩集『罌粟と記憶』――そこには彼の代表作の一つである「死のフーガ」も収められています――の掉尾《ちょうび》に置かれた「アーモンドを数えよ」（飯吉光夫編訳『パウル・ツェラン詩集』小沢書店、一九九三年、所収）では、「アーモンド」の実が死者たちの目に重ねられるとともに、その実を噛みしめる際の苦みのうちに、死者たちが目覚めさせられようとしています。その一節をご紹介しましょう。「アーモンドを数えよ、／数えよ、苦く、そしてお前を生き生きと目覚めさせていたものを。／ぼくをそれに数え入れよ――」（三八頁）。

他方で原は、「鎮魂歌」のなかで、「僕をつらぬくものは僕をつらぬけ。僕をつらぬくものは僕をつらぬけ。一つの嘆きよ、僕をつらぬけ。無数の嘆きよ、僕をつらぬけ」（前掲『新編原民喜詩集』一一五頁）と語っています。彼はここで、ツェランが「ぼくをそれに数え入れよ」と歌ったように、死者たちの列に加わり、死者とともに在ろうとしているのです。原はさらに、このような一節も書いています。「僕はここにゐる。僕はこちら側にゐる。僕はここにゐない。僕は向側にゐる」（同所）。こうした一見撞着した語法が暗示するのは、過去と現在の緊張に満ちた布置とそのなかで引き裂かれる経験でしょう。「鎮魂歌」とは、その経験のなかから、鎮められることのない無数の死者の魂の嘆きが、その傷の痛みが癒えることのないままに響き出て、響き合う歌と言えるのではないでしょうか。

したがって、原民喜の「鎮魂歌」とは、言語を絶する出来事の記憶が、言葉を越えた姿のままに呼び覚まされる、優れた意味での歌であると考えられます。それはまさにヒロシマ以後の詩なのです。その言葉は、今日多用されている言い方を敢えて用いるなら、表象不可能なものが、みずから表象であることを越えておのずと立ち現われてくるような媒体であると考えられます。「鎮魂歌」とは、言葉がこのような歌として、想起の媒体でありうる可能性を暗示する作品ではないでしょうか。このような想起の媒体としての言葉の可能性を、この「鎮魂歌」をはじめとする原の作品からさらにつぶさに読み取ることが、彼の作品を今に生かすことに結びつくはずです。また、原の作品を、「黒土、黒い／土であるお前、時刻《とき》たちの／母／絶望——」（「黒土」、『誰でもない者の薔薇』より、『パウル・ツェラン全詩集Ⅰ』中村朝子訳、青土社、一九九二年、三八八頁）と死者たちの記憶が生きられたままに保存されている場としての記憶の黒土を語ったツェランをはじめ、記憶の媒体としての詩の言葉を追い求めた詩人たちの作品との布置のなかに置き直すことも、きわめて重要です。

このようにして、原の作品を、「原爆文学」という枠を突き破って、あるいは「原爆文学」の概念を更新するかたちで、その可能性において読み解くことが試みられるべきではないでしょうか。私にはこれこそが、抵抗の文化の継承の課題と思われます。それによって、抵抗の文化——実際、戦後の原は同時代の戦争に、ツェランは反ユダヤ主義のレイシズムに、静かに抵抗し続けていました——の遺産を継承しつつ、記憶する言葉と、そこにある「ティレシアスのヴィジョン」の姿を見通すことができると考えられます。この記憶する言葉をもって、広島の中心部を覆う白いコンクリートの下に埋もれてしまっている記憶の黒土を、死者の一人ひとりに寄り添う仕方で掬い上げ、「抑圧された者たち」（ベンヤミン「歴史の概念について」、前掲『ベンヤミン・アンソロジー』所収）の非連続的な伝統を受け継いで、死者たち——今むしろ置き去りされてはいないでしょうか——とともに生きるところに、今なお続き、原発の人災にまで立ち至っている暴力の歴史に立ち向かう抵抗の拠点があるはずです。死者の一人ひとりが被った苦悩や苦痛と共振し、トラウマの転移ないし相続――それは、今回の映画祭で上映されたジェーン・ジン・カイスンの映画『女と孤児と虎』(二〇一〇年)の主題でもありました――に至りうる地点まで今ここに生きることを掘り下げ、死者の記憶を言葉のうちに呼び覚ますなかから、歴史を捉え返し、その暴力に抗して生きることを未来へつなぐこと。その営みこそが、生の深い肯定にもとづく記憶の文化を形づくっていくと考えられます。そして、この文化は、時空を隔てた者たちが、星座をなすように応え合いながらともに生きる場を切り開いていくはずです。抵抗としての文化の遺産を受け継ぎながら、このような場を開いて、暴力の歴史に抗っていきましょう。この呼びかけをもって、私の拙いお話を締めくくらせていただきます。長らくのご静聴まことにありがとうございます。

追記

本稿は、広島市立大学社会連携プロジェクト研究とヒロシマ平和映画祭二〇一一の共同企画により、二〇一一年一二月一〇日に広島市立大学講堂小ホールで開催されたシンポジウム「抵抗としての文化の想像/創造へ向けて――オキナワとヒロシマから考える」において、パネリストの一人として講演した内容を、当日会場で配布した資料を基に再構成したものである。再構成にあたって改題し、参照文献の書誌情報とともに、新たな内容をわずかに付け加えた。本稿のなかで言及した、奥間勝也監督の『ギフト』、東美恵子監督の『AUGUST』、ジェーン・ジン・カイスン監督の『女と孤児と虎』という三本の映画については、『ヒロシマ平和映画祭二〇一一ガイドブック』(ひろしま女性学研究所、二〇一一年)をぜひご参照いただきたい。本稿は、二〇一一年度広島市立大学社会連携プロジェクト研究「映像作品を媒体とする記憶の継承の可能性の探究」の成果の一部である。

第三部

ヒロシマ批評草紙

「ゲン」体験と「正典」の解体
――吉村和真、福間良明編著『「はだしのゲン」がいた風景――マンガ・戦争・記憶』書評――

なぜか学校には「ゲン」がいた。教室の片隅に学級文庫のなかの唯一のマンガとして、あるいは学校図書館の「公認」マンガの棚に伝記マンガなどと一緒になって、何巻かが欠けたボロボロの『はだしのゲン』の単行本が並んでいる風景。それはある世代の多くの人々にとって、「ゲン」との出会いの原風景であるにちがいない。かく言う私も、そうした風景のなかで「ゲン」と出会った一人である。「わし」を一人称とし、「じゃ」の語尾が特徴的な広島弁の台詞に少したじろぎ、また原爆投下直後の広島の克明な描写に戦慄を覚えながらも、恐いもの見たさも手伝って、『はだしのゲン』の世界にだんだんと引き込まれていったのが、今でも思い出される。

このような「ゲン」体験を、教育文化を含めたポピュラー文化の歴史的文脈のなかに置き直し、解体することによって、「ゲン」体験の記憶の風景をより鮮明に描き出すこと。おそらくその多くが私と同様の仕方で「ゲン」と出会っていると思われる著者たち（全員が六十年代末から七十年代にかけての生まれ）が本書において試みているのは、このことである。

まず明らかにされるのは、「ゲン」体験の風景のメディア史的な位置である。なぜ「ゲン」体験の場は学校なのか。それは、「はだしのゲン」がマンガ雑誌から単行本というメディアに移され、また市民運動や政党の雑誌、後には日教組の機関誌といったメディアに掲載されるなかで、これらのメディアが「ゲン」を「平和教育教材」に相応しい「原爆マンガ」の「正典」にしたからである。しかし、「ゲン」の「正典」化は、それが「健全」な教材の枠にけっして収まらないことを覆い隠してしまう。当初『少年ジャンプ』に連載されていた「はだしのゲン」は、教材に適した「わかりやすさ」を求めるものではない。作者の中沢啓治は、原爆と戦後も続く天皇制に対してふつふつと湧き上がる「怨み」という情念を原動力としながら、口当たりのよさを拒絶したリアルな描写を目指していたのである。

このことは、「はだしのゲン」の物語にも影を落としているようである。これを構造分析にかけるならば、「ゲン」が「少年マンガ」の多くが共有し、またその読者の多くが求める近代的な成長物語の筋立てを拒絶していることが露呈するという。谷本奈穂によれば、「ゲン」は、予定調和的な「物語への欲望」を拒否しつつ、言葉にならない経験と格闘するなかから送り出された「緊急の手紙」なのだ。さらに学校における「ゲン」の受容を聞き取り調査によって跡づけるならば、子どもたちが「平和教育」の枠を越えたところで、「ゲン」の絵のグロテスクさや、その主人公の生きざまに惹かれていることが浮かび上がるという。四方利明によれば、「ゲン」体験とは、学校のなかの「アジール」とも言うべき「境界領域」における、学校の「他者」との出会いなのである。

このように精緻かつ実証的な方法論によって、本書に収録された各論文は、たしかに教育現場で「原爆マンガ」の「正典」とされている「はだしのゲン」のうちに潜む亀裂を露呈させるとともに、「ゲン」体験の風景の脱神話化された相貌を鮮やかに浮き彫りにしている。だが、こうして「ゲン」の神話をポピュラー文化の歴史空間のうちで解体することが、その神話が覆い隠してきた「ゲン」のアクチュアリティを今にぶつけることに結びついているかというと、そうとは言いがたいと思われる。本書の前景に現われるのは、なぜ今「ゲン」なのかということではなく、著者たちの方法論的な道具立てなのだ。「ゲン」のうちに描かれているのが、「私たちが生きている社会内部で無数に布置を変えながら生成する境界線と、それをめぐるさまざまな葛藤」（吉田幸治）であるなら、それを今ここにある葛藤として、具体的に「ゲン」の亀裂から取り出すべきではないのか。そうした踏み込みが、本書を同世代の自己確認で終わらせないために必要ではなかっただろうか。「平和教育」を受けた者が私営化された社会の血腥い構造に唯々諾々と順応してゆく現在の流れに介入する、「緊急の手紙」として「ゲン」を読むためには、原爆と天皇制に挑んだ「ゲン」の葛藤が何であるのかを、今あらためて見つめ直さなければならないのかもしれない。

［『「はだしのゲン」がいた風景』、梓出版社、二〇〇六年刊行］

追記

本稿の初出は、インパクト出版会発行の『インパクション』一五六号（二〇〇七年二月発行）。本書収録に際し、一部の字句を修正した。本稿は、『「はだしのゲン」がいた風景』という論集に対して、軍都廣島でゲンの家族とその隣人が、その後焼け野原と化した広島でゲンとその仲間たちが命懸けで抗った暴力が、形を変えながら社会を覆い尽くしつつあるなかで、『はだしのゲン』を読み直す可能性に、論集全体として今一歩踏み込みえていないのでは、という疑義を呈しているが、そこに萌した疑問は、今にして思えば、図らずして、その後現われた、俯瞰的な視点からの言説や表象の分析を駆使することで「ヒロシマ」を上から語る議論に対して覚えた疑念を先取りしていたと思われる。今や『はだしのゲン』という書物を、不当な権力の介入から子どもたちに取り戻さなければならないほど、戦争を忘却することへの圧力は教育の場にも浸透しつつある。二〇一三年の夏には、島根県松江市の学校図書館で『はだしのゲン』の閲覧が制限されていたことが問題になったが、その後同様の事態が各地で起きている。この作品を読み直し、そこに込められているものを、怨念もろとも今ここに呼び覚ますことが、この国で陰湿なかたちで進行しつつある記憶の抹殺に抗して求められているのではないだろうか。

「ひろしまの子」たちの声に耳を開く
――東琢磨『ヒロシマ独立論』書評――

「ある都市を描写するためには、そこで生まれ育った者はもっと別の、より深い動機がなければならない。地理的な動機でなく、過去へと旅する者の動機が」。こう記すヴァルター・ベンヤミンの「遊歩者の回帰」をモットーのように引くことで、東琢磨は『ヒロシマ独立論』を書き起こしている。その身ぶりはそれ自体として、この書物がどのような経験から生まれてきたかを物語っていよう。広島で生まれ育った東は一人の遊歩者として、長く離れていた故郷の街へ回帰した。最終的に「ヒロシマ」という空間の国家からの独立を構想するに至る『ヒロシマ独立論』は、この遊歩者の「故郷への幻視行」（二五頁）の経験にもとづく、粘り強い抵抗としての思考を集成した一書である。

故郷を幻視すること、それは東自身が述べているように、「故郷を異郷のように」（同所）見ることである。そのとき、現在の都市空間を被うものが浮き上がり、それによって今まで覆い隠されてきた過去に触れることになる。ベンヤミンの描く遊歩者が、二重化した都市の相貌のなかにその冥府への扉を期せずして見いだすように、広島の遊歩者の地を這うまなざしは、故郷をまず死者たちの街として再発見するのだ。東にとってこの死者とは、言うまでもなく、一九四五年八月六日の原爆投下によって、またその後被爆の後遺症のために亡くなった人々のことであるが、それはけっして墓碑や慰霊碑を建てることによって葬り去られた死者ではない。生き残った者たちのうちに悔恨の念を呼び起こしながら、その記憶のうちに今も生き続けている一人ひとりの死者たちである。

では、そのような死者たちの記憶を、そしてその記憶を抱え込む他者の記憶を、当事者でない者がどのように想起することができるのか。東は、「当事者ではない市民や運動家たちは焦りを口にこそすれ、当事者性を乗り越える言葉を生みだす努力の模索を十分にはおこなっていない」(五〇頁)という厳しい言葉を現在の広島へ投げかけながら、彼自身この問いに向き合う。そして、栗原貞子の詩「生ましめんかな」を沖縄戦の生き残りたちの小唄と響き合わせ、被爆者がその個人的な経験を描いた「原爆の絵」のうちに、根源的に「表象不可能」な出来事を「それでもなお」イメージにおいて想起する可能性を見いだそうとするのだ。廃墟のなかで「うた」を立ち上げる身体的な行為、あるいは今なおわが身を苛む記憶を絵に描く手仕事。これらのそれぞれを具体的に辿る経験によって、出来事を生きた、あるいは今も生き続けている他者たちの記憶を受け継ごうというのである。そうした行き方のうちには、「被爆体験」を顕彰することでその「風化」を強めるのとはまったく別の継承、すなわち体験者ではない者の一つの経験としての記憶の継承の可能性が示されていよう。

さて、こうして一九四五年八月六日の出来事の渦中にいた他者たちの記憶を、その個別性と具体性において経験するとは、死者を「原爆死没者」と、そして生き残りを「被爆者」と一括して規定する、

「唯一の被爆国」を称する国家の「正史」なるものに組み込まれた、「被爆」の語りに抵抗することにほかならない。ここで再びベンヤミンの言葉を借りるならば、それぞれ特異であるはずの出来事の記憶は、今や被爆の「正史」としての歴史を「逆撫で」することによってのみ、想起することができるのである。そのように、制度化された物語を脱神話化し、それに抗して一人ひとりの記憶を受け止める言葉を追い求めるとき、これまでその記憶を抑圧してきた言説が同時に忘却しようとしてきた記憶が浮かびあがってくる。軍都廣島の記憶である。東はそれを過ぎ去ったものとしてではなく、現在の問題として捉え直すことで、「国際平和文化都市」広島の外面を支える権力の暴力と、さらにはそれを問題視しえない、かつて軍都を支えたメンタリティの連続性とを浮き彫りにしている。

東は、土地を含め資源に恵まれなかったために、言わば国策の優等生として生き残りを図ってきた広島の街で、「戦前の軍都経済構造は、復興経済を経て、連続しているのではないか」(三五頁)と見ている。その連続性とは、言うまでもなく人々の依存の上に成り立つものである。こうして軍都の時代から続く経済構造に依存しながら、戦後の広島の人々は、「ヒロシマの思想」と言うべき平和の希求を骨抜きにしながら、その対極にある暴力をあまりにも深く広島の街に根づかせてしまったのではないか。そのことが広島を保守的かつ閉鎖的にしてしまっているのではないだろうか。東によれば、このことを象徴するのが、「暴走族追放条例」の制定であり、東京都に次ぐ検挙数が示す警察権力の強大化である。それらは、伏流のように戦前から連続してきた、軍都廣島を支えたメンタリティと、広島を「唯一の被爆国」のアリバイとして管理しようとする国家権力の利害とが、見事に調和してしまっているることを示しているのだ。そのように「治安」の名の下で、「仮想敵」を想定する危機管理を都市の内部に構造化し、警察の暴力を遍在化させることは、皮肉なことに、その否定の上に「ヒロシマの思想」が成り立っているはずの「抑止力」を、自分たちの街のなかに実体的な暴力として構造化してしまうことにほかならない。

このことを指摘しつつ東は、権力が標的とするのが、歌い、踊る女性の身体であることにも注目している。そのことを示す象徴的な事件が、クラブ「バルコ」の強制捜査である。権力は、ミシェル・フーコーの言う「生=権力」として、まず生命を自己の全面的な管理下に置くために、「産む性」としての女性の身体を標的とする。そして、その歌い、踊る活動を抑圧するのだ。そのことは、東自身は明示していないものの、彼が美空ひばりの歌を論じることで浮かび上がらせようとする、喪失と廃墟を潜り抜け、生き抜くなかで「うた」を立ち上げてきた身体の抑圧にほかならないのではないか。死者たちの記憶をわが身に宿らせながら生きる、この死者とともにある生の経験を歌ってきた身体が今、国家権力による抑圧の対象となっているのではないだろうか。それに抗して、「うたう」ことが抵抗の営みとして取り戻されなければならない。このことが経験の継承の回路を開くのではないか。そう考えるとき、東のこの言葉は、新たな重みをもって私たちに責務を課すことだろう。「詩を作ることが野蛮なのではなく、人間の名前を借りた野蛮に抗するために、『うた=詩』を作り続けることこそがたたかいなのだ」(五九頁)。

「たたかい」としての「うたう」営み、それを取り戻すために東は、音楽批評家として、「うたう」

ことの始まりへ問いを差し向ける。「『音』はどのように『音楽』となるのか。『声』はなにを『うたう』のか」(二八六頁)。そして、「ここ」にいる自分と「あそこ」にいる他者とのあいだに、そこにある埋めることのできない溝に、耳を澄ますという仕方で踏みとどまろうとする。眼の前にいる「個」としての他者に身を開き、その声に耳を傾けるところからこそ、「うたう」言葉が立ち上がってくるのだ。東は、「沖縄」を語る言葉をめぐる省察のなかでこう述べている。「『ここ』と『あそこ』のあいだの距離を知ること。そして具体的なかたちでの違いを微細なところで見ていきながら、違う現実を同じ体験として生きること。もし、私たちが絶望的になるとすれば、そのことの不可能性を徹底的に感じた時まで取っておいた方がいいだろう。まずはひきつけられるままに体を任せてみよう。／たぶん、ここで『個』を消費社会の物語に売り渡さないもの、あるいは消費社会の秘められた『声』を聴き取るための実践が、他者との対話や、忘れられたものや『無名』に押し込められたものへの応答となるだろう」(同所)。

「沖縄」を語る言葉をめぐるこのような省察は、今そのまま「ヒロシマ」を語る言葉についての省察として掘り下げられなければならないのではないか。言葉が「うたう」ことと結びつけられながら考察されていることは、「ヒロシマ」の経験を継承し、うたいかける言葉の不在を衝いてもいるはずだ。そして、東によれば、「うたう」ことは「聴き取る」ことと切り離せない。とすれば、「うたう」ことの衰退は、言わば広島が「世界の叫び」から耳を閉ざしつつあることをも意味していよう。「語ることだけでなく、むしろ、語り続ける努めには、コインの表裏のように、エドゥアール・グリッサンがいう『世界の叫び』を聞く努めが重くはりついている」（四八頁）。にもかかわらず、「済州島からはヒロシマが見えているが、ヒロシマからはいまだ『四・三事件』がまったく見えていない」（一三三頁）、というあまりにも非対称的な構図の変わる兆しがなかなか見えてこないなか、マス・メディアを通して声高に響くのは相も変わらず「シュリンク・パック」された、一方的に語るフレーズばかりである。そのようななかで、「被爆体験の継承」という謳い文句とは裏腹に、死者たちや、死者とともに生きる他者たちの声さえも、今広島に生きる人々の耳に届かなくなってきているのではないだろうか。

『ヒロシマ独立論』の核心とも言うべき、「ヒロシマ」を国家から独立した空間として構想しようとする試みは、何よりもまず、そのような状況を突き破る可能性を私たち一人ひとりの内側に開くものとして読まれるべきではないだろうか。国際作家会議の代表として、「世界の叫び」を聴き届ける街としての「避難都市」を構想したマルティニック諸島出身の作家グリッサンの影響の下、ヒロシマを死者との共存と他者の歓待の場として国家から独立させ、現在の広島市民球場を「難民キャンプ」（七六頁）として活用しようと構想する東の「独立論」は、けっして抽象的な都市論ではない。それはまず、東が冒頭に挙げる広島の「二種類の他者」（一五頁）、すなわち死者と「生者」としての他者の声に、私たち自身が耳を開くことを求めている。そして、「個」としての他者の声に身を曝すときに初めて、自分の身体を国家の暴力から独立させながら、「うたう」力を取り戻すことができるのかもしれない。「ヒロシマ独立」は、このような経験のなかから、あくまで具体的にその可能性を問われなければならないはずである。『ヒロシマ独立論』は、これまで出会い損ねてきた「ひろしまの子」たちと出会い直す経験へ私たちを誘っているのだ。その経験こそが、「ヒロシマ」を継承する回路を開き、「ヒロシマ」を外へ開くだろう。

こうして、それぞれ異なった「ひろしまの子」たちの存在に目が開かれるとき、広島の相貌も一変するにちがいない。ベンヤミンが描くパリの遊歩者にとってこの「十九世紀の首都」が「ブルジョワジーの廃墟」であるように、広島を「死者と生者、二種類の他者に凝視され試されている都市」(同所)として見る者にも、その街は一つの廃墟として立ち現われてくるだろう。過去がその生傷を剝き出しにするなかに避難民たちが棲みつく街。広島の遊歩者は、そのような街の遊歩へ私たちを誘っている。「ひろしまの子」たちの声に耳を澄ましながら、真の「独立」に通じる扉を廃墟のなかに探る遊歩への誘い。これに乗ってみるのも悪くない。そう私は考えている。

[『ヒロシマ独立論』、青土社、二〇〇七年刊行]

追記

本稿は、二〇〇七年一二月二八日にカフェ・テアトロ・アビエルトで開催された「東琢磨『ヒロシマ独立論』を語る夕べ」で発表された原稿である。本書収録に際し、一部の字句を修正した。二〇一一年三月一一日以後の状況のなかで広島が抱える問題を鋭く照らし出しながら、死者とともに生きる場として広島を捉え返す論考として、『ヒロシマ独立論』の続編とも言うべき『ヒロシマ・ノワール』(インパクト出版会、二〇一四年)も必読の一書である。

封印の歴史を逆撫でする

――高橋博子『封印されたヒロシマ・ナガサキ――米核実験と民間防衛計画』書評――

一九四七年、占領下の広島と長崎に「原爆傷害調査委員会」（ABCC）が発足した。二年前にこの二つの都市に投下された原子爆弾のもたらす人体への被害を、とりわけその放射線による被害を調査し、アメリカ合州国の核戦略に生かすためだった。このABCCが広島と長崎の原爆被害者から、その一人ひとりの身体から剝ぎ取るように採取した膨大な標本と映像資料は、アメリカ国内に設けられた米軍の病理学研究所へ送られ、核シェルターの内部に厳重に秘匿されることになる。こうして合州国政府は、広島と長崎の放射線被害を封印する一方、核兵器がもたらす放射線の被害を過小評価する発表を行ない、ヒロシマとナガサキを相対化したのだ。原爆投下の非人道性を否認するとともに、「抑止」のための核兵器開発を正当化するために。そして、その後の核兵器開発の過程で行なわれた数々の核実験は、おびただしい"hiroshimas"を生み出すことになるが、その実相も隠蔽され、その一方で、核戦争を生き抜き、戦い抜く「合州国民」を訓育する「民間防衛計画」が、合州国政府主導で押し進められることになる。そこにある核兵器への無理解と、総力戦の主体としての「国民」を養成しようという権力の志向とが、現在日本政府が推進している「国民保護計画」に受け継がれているのである。

このように、私たちの現在がヒロシマとナガサキの封印の歴史と陸続していることを、膨大な史料の緻密な解読によって鮮やかに照射する高橋博子の『封印されたヒロシマ・ナガサキ――米核実験と民間防衛計画』の表紙には、“CLASSIFIED DOCUMENTS”(機密扱い文書)と記されたスタンプの印影が見られる。「クラシファイド・スタンプ」、ヒロシマとナガサキを封印し、核実験の生み出した“hiroshimas”の存在を闇に封じ込めてきたこの「機密印」、それは物理学者ハンス・ベーテの言葉として高橋が聞いたところによれば、「人類の発明した最も強力な兵器」である(おわりに)。それは核兵器の被害者たちの記憶を封印し、その声を封殺することによって、より大規模な核兵器開発を可能にし、それとともにその犠牲者を増やしていったのだ。このスタンプは、核兵器を拡大再生産する兵器として機能してきたのである。高橋は、この兵器の兵器とも言うべきスタンプの力に抗って、封印された被ばくのドキュメントを封印の歴史からもぎ取ることによって、放射線被害が意図的に隠蔽されるる――これが広島と長崎の原爆被害者の救済を阻んだのだ――なか、「民間防衛」の名のもとで戦争の準備が進められてきたことを暴き出す。『封印されたヒロシマ・ナガサキ』という労作はそのようにして、ヴァルター・ベンヤミンの「歴史の概念について」の言葉を借りるなら、今も続く封印の歴史を「逆撫で」するのである。

高橋の「歴史を逆撫でする」叙述によって、合州国政府の対外政策を正当化する歴史家が「長い平和」と呼ぶ冷戦期に、放射線による「人々の犠牲」(第一章)を強いる野蛮な暴力によって「核の傘」を作り、その傘の下で戦争のための「国民」の訓育を進める国家権力の作用が浮き彫りになるが、それを目の当たりにするとき、ミシェル・フーコーが近代の「生=権力」について述べていたことを思い起こさざるをえない。『性の歴史』のフーコーによれば、主権国家を成り立たせる、その「国民」を「生かす」権力は、同時にそれが生きるに値しないと見なす者たちを「死のなかへ廃棄する」暴力でもあり、「国民の生存」のためにその暴力を行使する戦争の主体へ「国民」を訓育する。しかも、高橋によれば、そのために、ヒロシマとナガサキの封印の歴史においては、「日本政府が日本人の戦意をそこなわせずに戦争を継続させるために編み出した、対策を立てれば恐ろしい兵器ではない、という原爆のイメージ」(第二章)が形を変えて生き続けているのだ。とくに、放射線の影響を過小評価する合州国政府の言説は、その「民間防衛計画」をつうじて、「核戦争に打ち勝つことのできる『強い米国』を支える」(第四章)合州国民像を形成し、その言説の影響は、現在の日本の「国民保護計画」にまで及んでいる。だとすれば、私たちは今まさに、敗戦前からすでに作られ続けてきた総力戦の体制に組み込まれようとしているのである。

高橋によれば、こうした流れと軌を一にして、一九五四年の第五福竜丸事件の「政治決着」が象徴するように、核兵器を開発し、その実験を行った国家権力の責任が問われない——おそらくこのことには、十五年戦争の敗戦後にアメリカとの利害の一致の下、昭和天皇と旧陸軍七三一部隊の責任が問われなかったことと重ね合わせうる一面があろう——まま、救済されない核の被害者が増え続ける状況が作り出された。高橋が「おわりに」で述べているように、あの「クラシファイド・スタンプ」は、そのような被害者の姿をも、歴史から消し去ってしまうのだ。核被害の記憶を抹殺し、歴史を簒奪する「機密印」の力。それに屈することは、ヒロシマとナガサキの封印の歴史の流れに呑み込まれ、来たるべき戦争に加担しうる「国民」へ訓育されることを意味しよう。

では、それに抗う思考の回路を今どこに求めうるのだろうか。「民間防衛計画」のプロパガンダとして催された「アラート・アメリカ巡回展示」に、合州国による接収から守られた資料による京都大学の「綜合原爆展」を印象的に対置させる『封印されたヒロシマ・ナガサキ』は、その道筋の一つを体現している。その「はじめに」で語られる「埋もれ隠れている糸を引き出し紡ぐ作業であり、解くのが困難な紐を解きほぐす作業」としての歴史である。そこでは、粘り強い作業をつうじて、封印の歴史が「逆撫で」され、封印されてきた記憶の側から、今も続く封印の暴力が問いただされているのだ。それによって照らし出される、危機的《クリティカル》な焦点としての今。封印の暴力に抗するために私たち自身が捉えなければならないこの今に通じる、細やかな手仕事としての歴史の可能性を、高橋博子の労作は力強く示しているにちがいない。

〔『封印されたヒロシマ・ナガサキ』、凱風社、二〇〇八年／新訂増補版二〇一二年刊行〕

追記

本稿は、二〇〇八年四月二七日にひろしま女性学研究所にて開催された近刊書合評会「封印より目覚めたる出来事のために」で発表された原稿である。当日は、『哲学の歴史第一〇巻：危機の時代の哲学――二〇世紀一』（中央公論新社、二〇〇八年）のなかの筆者が執筆した「ベンヤミン」の章についての講評も行なわれた。

「受忍」の論理を越えるために

――直野章子『被ばくと補償――広島、長崎、そして福島』書評――

「放射線が人体に与える影響については、わからないことが多いにもかかわらず、ABCC／放影研の公開されている調査結果をもとに、病気に苦しむ多くの被爆者は、『被曝していない』ことにされてきた。冷戦下の米国軍事戦略の影響を多分に受けてきた被爆者調査の結果を、無批判にどころか、積極的に取り入れて被爆者に新たな苦痛を与えてきたのは、他でもない『唯一の被爆国』を自称する日本政府だ」。しかも、戦後「原子力事業」を国家事業として推進しようと、東京電力をはじめとする電力会社との結びつきを強めてきた政府は、福島第一原子力発電所の人災のために被曝したり、生活を奪われたりした人々にも、今なお原爆の被害者が味わっているのとまったく同じ苦痛を強いようとしているのではないか。

本書は、そのような深刻な危機感を胸に、原爆投下に至るまで戦争を続けた国家の責任の下での被害補償を求め続けてきた原爆被害者の運動に寄り添い続ける著者ならではの視点から、今原発の人災の被害者のために定められようとしている補償制度の問題を、今なおいくつもの問題を抱えている原爆被害者の援護制度の歴史から浮き彫りにし、その歴史を繰り返さない可能性を模索する労作である。本書は、今後原爆被害と原発事故の被害双方に対する責任の所在を明らかにしつつ、それに応じた補償を求める議論が、第一に参照しなければならない必読書と言えよう。

本書において示唆的なのはまず、すでに触れたとおり原爆被害者の運動が、その初期から国家の戦争責任を問い、それにもとづく被害の救済を求めるものであり、同じような戦争の被害者を二度と作らないことへ向けられていた点が指摘されていることである。補償は何よりもまず、国家の戦争責任の表明を象徴するものでなければならなかった。しかし、こうした被害者の要求とは裏腹に、日本政府は国家の戦争責任を一度も明確にせず、福島原発の人災の後にも実態にそぐわないことが露呈した同心円のイメージで被害者を線引きし、立証の困難な「放射線起因性」を盾に被害者を分断してきたのだ。今日あまりにも一般的に用いられている「被爆者」の名称は、法的な観点から見れば、そのような暴力を孕んだ原爆被害援護の法制度の歴史によって作られたものにほかならない。

こうして戦争責任を否定しながら、「被爆者」を作るとともに「被爆者」になれない者をも作って、援護の埒外へ追い落とす法の暴力の前提にあるのは、政府が戦後強弁し続ける「戦争被害受忍論」にほかならない。それは、戦争という「非常事態」においては、国民が多かれ少なかれ犠牲になることを余儀なくされるので、国民は等しくその被害を受忍しなければならない、などという国家の戦争権を容認するばかりか、国家の戦争のために国民は犠牲になって当然とする、人民主権の社会の基本的理念ともおよそ相容れない論理である。だが、国家の責任の追及を許さないこの受忍論が、著者によれば、今や拡張されて、福島原発の「未曾有の事故」という「非常事態」にまで適用されようとしているのだ。放射線の「許容量」が定められること自体、そのことの表われと言うべきであろう。

この人災そのものが、電力会社と結びついた国家の原子力政策の帰結ではないのか。にもかかわらず、責任の所在が覆い隠されるかたちで、法の暴力の歴史が、それとともに「受忍」の歴史が今繰り返されようとしている。それを食い止めるために、つまり「受忍」の論理を突き破って責任の所在を突き止め、生きるために当然の援護と補償を獲得する道を切り開くために、本書は熟読されなければならない。

［『被ばくと補償』、平凡社新書、二〇一一年刊行］

追記

本稿の初出は、筆者のウェブサイト「Flaschenpost――柿木伸之からの投壜通信」。二〇一二年一二月二四日執筆。本稿で取り上げた『被ばくと補償』のみならず、直野さんのお仕事からはつねにかけがえのない刺激と示唆を受けている。なかでも『「原爆の絵」と出会う――込められた思いに耳を澄まして』（岩波書店、二〇〇四年）は、広島における被爆の記憶の継承の可能性を考える際の原点であり続けている。直野さんのお仕事が広く、かつしっかりと読まれることを願ってやまない。

作品批評の在り方検証を
――作曲家詐称問題に関する中国新聞への寄稿記事――

佐村河内さん作とされていた楽曲を、一度だけ実演で聴いたことがある。二〇一〇年一一月に広島国際会議場(広島市中区)で開かれた「現代日本オーケストラ名曲の夕べ」で、糀場《こうじば》富美子さん作曲《広島レクイエム》が、細川俊夫さん作曲《記憶の海へ――ヒロシマシンフォニー》とともに演奏されるのを目当てに出掛けた時のことだ。最後に演奏されたのが、佐村河内さんによるという管弦楽のための《ヒロシマ》だった。

前二者の音楽が、緊密な展開によって破壊そのものを掘り下げ、被爆の記憶の襞《ひだ》に寄り添っていくのに対し、この《ヒロシマ》は、表面的に、一種のスペクタクルとして地獄図を描こうとしているようにしか聞こえなかった。

そのような体験もあって、「作曲家」としての佐村河内さんには興味を持たずにいたのだが、交響曲第1番「HIROSHIMA」をはじめとする彼の作品がヒットし、CDが異例の売り上げを記録していることは、どうしても耳に入ってくる。「現代のベートーベン」のイメージがマス・メディア上で独り歩きする様子も、目にしないわけにはいかなかった。

その間、彼の「生きざま」ではなく彼の音楽自体が、公の議論の場で批評の対象になったようには思えない。それが別人の手によることが明かされるに至り、耳が聞こえない苦悩を抱えながら創作を続け、人々の苦難に思いを寄せる「作曲家」を演じることに、本当に聴覚を失われている方の苦悩、ヒロシマや東日本大震災の苦難が利用されていたことも明らかになった。

このことの責を佐村河内さん自身が負わねばならないのはもちろんだが、彼以上にその責を問われねばならないのは、彼の「作曲家」像を神話化して売り続けた音楽業界と、便乗したマス・メディアだろう。その商業主義的なイメージ戦略は、地道に曲を作り、演奏の機会を追い求めながら、現代における音楽の可能性を探っている、先に挙げた二人をはじめとする作曲家たちの存在を覆い隠すことになったのではないか。

広島における芸術の受け止め方も問われている。佐村河内さんは二〇〇八年に広島市民賞を受賞しているが、そこに至る過程を含め、私たちの芸術に対する態度が、作品の美質と内実を批評することにもとづいているかどうか。これを機に検証されなければ、芸術の可能性は捉え損なわれ続けることになるだろう。批評の重要性を見つめ直し、真に優れた芸術作品の共有のため、創造者と受容者が結びつくこと。そこに文化の未来は懸かっている。

追記
本稿は、二〇一四年二月初旬に、従来「佐村河内守作曲」とされていた作品が新垣隆氏の作曲によることが明らかになったのを受けて、この作曲家詐称問題が投げかける問いを、広島における音楽受容に投げかける問いを含めて論じたもので、二〇一四年二月七日付の中国新聞朝刊に掲載された。この問題に関する緻密な取材をつうじて寄稿の機会を作ってくださった、中国新聞文化部の道面雅量さんに、心から感謝申し上げる。道面さんによる掲載記事へのリード文の一部を以下に掲げておく。「広島市佐伯区出身の佐村河内守さん作とされてきた楽曲が別人の手によるものだった問題は、演奏の全国ツアーが組まれるなどブームの渦中だけに、影響が拡大した。中国新聞を含め、新聞やテレビが取り上げた『現代のベートーベン』といった〝物語〟がブームを過熱させたことは否めない」。

「多数」としての「ひと《サラム》」を生きることを呼びかける言葉の創造

——崔真碩《チェジンソク》『朝鮮人はあなたに呼びかけている——ヘイトスピーチを越えて』書評——

「朝鮮人」という名称は、そう名指される者にとって、民族差別、それにもとづく憎悪表現《ヘイト・スピーチ》、さらには関東大震災後の虐殺の反復に対する、身体の芯からの恐怖を惹起するものであり続けている。著者にとってもその響きは、こうした恐怖とともにあった。しかし著者は、それほどまでに植民地主義が深く刻み込まれたこの「朝鮮人」という語を、敢えて身体のなかで絞り出すように響かせる。それによって起こる自己解体は、著者にとって、朝鮮人であることを自覚した朝鮮人として生きること、そしてその自覚の過程で出会った死者たちとともに生きることの出発点であり続けている。本書は、そこに至る著者の軌跡を物語るとともに、朝鮮人として生きる生身の身体から、植民地主義と不可分の近代の構造に従属した主体である——「国民」であるとはそのまま、そのような主体であることを意味する——のとは別の生き方を語りかけ、近代の歴史に対峙しながら他者とともに生きる地平を開く、呼びかけの書である。

著者にとって、朝鮮人であることを自覚して朝鮮人として生きるとは、一者ではなく多者であろうとすること、つまり意志をもって「多数」を生きることである。それは、自己解体とともに朝鮮人としての自己を掘り下げ、歴史を捉え直すなかで出会った死者たち一人ひとりの魂を、自分自身のうちに抱き取り、言葉のうちに甦らせる生き方を選び取ることなのだ。「多数とは、〈死者と共に在る〉という人間存在の基本にもとづいた思想であり、目には見えないけれども、消えたわけではけっしてないものを表現する意志である」。このような意志を形成する際に、著者にとって決定的な意味を持ったのが、人間のすべてを抱き留める言葉の営みとしての文学との出会いであり、朝鮮文学の翻訳の経験であった。著者は、朝鮮近代文学を代表する作家李箱《イサン》の作品の翻訳者であり、『李箱作品集成』（作品社、二〇〇六年）を日本語の読者に届けているが、その過程で日本語と格闘せざるをえなかったことを、「翻訳の現場」から伝えている。

本書の第二章「『ことばの呪縛』と闘う」において著者は、日本の植民地支配下で書かれた李箱の「翼」という小説を日本語へ翻訳するにあたり、李箱の朝鮮語が、それ自体他言語の翻訳による吸収を経て形成された近代日本語に解消されるのを避けるため、朝鮮語原文の味わいを生かす日本語を、ヴァルター・ベンヤミンが「翻訳者の課題」で推奨した、細部に至るまで原文に寄り添う、字句通りの翻訳をつうじて発見しなければならなかったと語っている。そして、このような翻訳をさらに、済州島四・三事件で虐殺された死者の嘆きや怒りの谺《こだま》を響かせる日本語——著者にとってそれを象徴するのが「怒りを呼ぶ涙」という言葉である——を、「日本語を内側から食い破る」ことによって見いだす、金石範《キムソクボム》の「翻訳的創作」と呼応させている。ここにある翻訳とは、けっしてたんなる言葉の操作ではない。「日本語を攪乱し解体する」ことを経て、「日本語を瑞々しく再建する」翻訳——ベンヤミンが目指していたのはまさにそのような翻訳である——、それは「死者と共に在る」場を日本語のうちに開く行為であり、「多数」への通路にほかならない。

著者は一人の訳者として、自己解体をつうじて「多数」としての自己を発見する翻訳を生きている。その歩みはそのまま、日本のアジア侵略の歴史のなかで、台湾、沖縄、そして広島で客死した——著者によると「客死とは、死んでいった客地に、名前を刻むことすらできなかった、墓を持たない者の死である」——朝鮮人の死者たちと出会う旅路の歩みでもある。人として扱われることなく、客地に命を落とした死者たちの弔われていない魂に呼応するなかに「影の東アジア」が浮かび上がる。その闇は、人として死ぬことができなかった死者たちの冥府の闇であると同時に、今に連なる歴史の影をなす闇でもある。死者とともにこの歴史の闇を見つめることで著者は、それを貫く虐殺が、今や日本社会に還流していることも見抜いている。帝国日本の軍隊による虐殺をそのまま反復する民間人虐殺が行なわれた朝鮮戦争から「特需」を得て「復興」を遂げた日本を、今虐殺が覆いつつあるのだ。

失業者を棄て、非正規に雇われた者を使い捨て、災害や原発事故の被害者を棄て、高齢者をも遺棄していく、棄民国家の虐殺の暴力、それは自分自身の歴史を忘却した日本人の「腑抜け」のなかに内面化され、ついにはそれが他者への憎悪となって現われている。日本の植民地主義の核心にある民族差別が、人種差別の暴力となって回帰し、関東大震災後の朝鮮人虐殺が繰り返されかねないところまで来ているのが現在の日本なのだ。「人種差別主義者たちは、現在の日本国家そのものの姿である」。

著者は、その姿がのさばるなか、二〇〇二年九月一七日の日朝首脳会談で当時の金正日《キムジョンイル》総書記が日本人拉致を認めて以来、著者が予感し続けていた「ウシロカラササレル」が現実となりつつある日本に身を置きながら、今ここの足下にも浸透している「影の東アジア」の闇を見つめている。

そのことは著者にとって、広島県の北端近くにある高暮《こうぼ》ダムの建設工事に強制連行され、「立ったまま生き埋めになっている〔朝鮮人の〕死者と共に在る」ことであると同時に、「狂人日記」の魯迅が示した、社会に浸透した「人食い」への恐怖や、李箱が一篇の詩に結晶させた、袋小路に閉じこめられた十三人の子どもの恐怖——これらの恐怖には東アジアの近代の本質への洞察があるのだ——を、人として死ぬことができなかった死者たちの恐怖と呼応させながら、今に反響させることでもある。魯迅を読み、李箱を訳すことで、魯迅の「寂寞」と李箱の「倦怠」を、今ここにある歴史の闇を開くのみならず、近代の歴史への絶望の底へ下りることでこの暴力の歴史の過程から降りる可能性を閃かせるものとして取り出しているところに、本書の文学書としての際立った特徴の一つがあると言えよう。とはいえ、本書を文学書として織りなしているのは何よりも、死者の哀悼や魯迅と李箱の読解にもとづいた一つの言葉の創造、「多数」を生きる道を指し示す言葉の創造にほかならない。

その言葉とは、「チョソンサラム」である。それはたしかに「朝鮮人《チョソンサラム》」の名称として用いられてきた言葉であるが、自己解体を経て朝鮮人として生きることを選び取った著者はその言葉を、「愛《サラン》」を共鳴させる言葉としてあらためて創造し、魂に対する感受性を具えた、近代から降りて生まれ変わった新しい「ひと《サラム》」の生き方を指し示す言葉として語りかけている。李箱の訳者であると同時に劇団野戦之月海筆子《ハイビーッ》の役者である身体から。著者の身体において、訳者であり、かつ役者であることが、新しい「ひと《サラム》」を創造する文学者であることに結びついている。このことを示しているのが、本書の第六章「近代への倦怠」に収められた一篇の詩であろう。「多数」としての「ひと《サラム》」の誕生を告げるこの詩を身体のなかに響かせながら、第七章「東洋平和二〇一四」を読むならば、「影の東アジア」の上に新たな「ひと《サラム》」の生き方を指し示す「チョソンサラム」という合言葉を島伝いに交わしていくこに、東洋平和――怒れる筋金入りの「反日」だった安重根《アンジュングン》が獄中で構想しつつあった「東洋平和」――の未来が、ひいては誕生の初めから「多数」を生きる生命そのものの未来が懸かっていることが理解されるにちがいない。近代の暴力の歴史を噛みしめながら、東アジアを「多数」の「ひと」が共に生きる場として開く言葉の身体からの創造が、本書において一つの強い呼びかけに結実している。

〔『朝鮮人はあなたに呼びかけている』、彩流社、二〇一四年刊行〕

追記

本稿は、二〇一五年四月四日に広島県呉市内の行友太郎氏宅にて開催された、中国文芸研究会主催による崔真碩『朝鮮人はあなたに呼びかけている――ヘイトスピーチを越えて』合評会にて発表された原稿である。

第四部

記憶の継承から他者とのあいだにある平和へ

広島から平和を再考するために
——記憶の継承から他者とのあいだにある平和へ——

生き残ることを深く肯定する

生きるとは、生き残ることである。哲学者ジャック・デリダが死の直前に語ったこの言葉は、核の脅威の下にある世界に生きることに直接当てはまる一つの命題と言えるかもしれない。そのことをあらためて思い知らせたのが、東日本大震災とともに引き起こされた福島第一原子力発電所の過酷事故だったのではないか。この事故によっておびただしい放射性物質が撒き散らされたわけだが、その放射能の肉眼に見えない力は今、原子力発電所の周囲に住んでいた人々の生活を根こそぎにしながら、生命をその根幹から脅かし、その未来をも閉ざそうとしている。しかも、この不可視の力の及ぶ範囲は計り知れない。このような恐ろしい事態を前にするとき、自分が今ここにかろうじて生き残っているように思えてくるのだ。

自分を生き残りの一人と考えるとき、生き残ることができなかった人々の存在にも思い至らざるをえない。こうして死者を想起することは、生に死の影をまとわせるばかりでなく、広島の原爆被害者の経験も教えるように、その死者が身近な人であるならば、なぜ一緒に死ななかったのかと思わせるまでに生存者を苛むことさえある。それでもなお、生の側に踏みとどまること。生き残ることを肯定すること。それはデリダにとって、単純な生存の礼賛ではありえない。彼は癌に冒された身で、可能なかぎり強烈な生を肯定することをみずからの哲学と重ねていた。彼にとって哲学するとは、死者とも共鳴する生の深みに降り立って、死の側へ振り切れかねない強度もろとも生を肯定することだったのではないか。とすれば、そのようなデリダの思考のうちに、死者たちを置き去りにすることなく、生き残ることを深く肯定する理路を見て取ることができよう。

もしかすると、このような理路のうちに、広島から平和を考える道筋を見いだすことができるかもしれない。広島から平和を考えるとは、生き残りの一人として生きる可能性として平和を問うことではないだろうか。このとき平和は、抽象的な理念であるに尽きることはない。それはこの世界に生きる一人ひとりの生存の可能性として捉え返され、具体的に摑み取られなければならない。このことが他者とのあいだに平和を築くことと一つになる道を、広島から探るべきであろう。その際にまず、広島で原爆によって殺された、あるいは心身に癒えない傷を負いながら生き延びてきた人々の言語を絶する経験の一つひとつを、出来合いの文句やイメージに解消して美化することなく受け止めようと試みることが必要と考えられる。そうして、いかなる出来事の後に自分が生きているのかを見つめ直しながら、その出来事のなかで人々が経験した暴力を見抜き、それが繰り返される——人の身体を放射能に曝す暴力も、権力にとって好都合な仕方で「被害者」を選別する法の暴力も繰り返されているではないか——ことを食い止めようとするとき、生きることに、真に踏みとどまることができるはずである。このような抵抗のなかで、被爆の記憶を継承することと、生き残る可能性として平和を追求することとが結びつくにちがいない。

被爆の記憶を開かれた仕方で継承する

ここで被爆の記憶を受け継ぐことをもう一歩踏み込んで考えるならば、まずはその困難さを直視する必要があると思われる。「被爆体験の継承」ということが広島でしばしば言われるが、それが非体験者にとって何を意味するのかを、例えばショアー〔ホロコースト〕の「表象不可能性」をめぐる議論などを参照しながら検討することが先ではないだろうか。そうすれば、「継承」ということがけっして生易しいことではないことが浮き彫りになるはずだ。それでもなお、記録や証言をつうじて被爆の記憶に出会った際には、被爆した一人ひとりがどのような経緯を辿って、またどのような立場で原爆に遭遇するに至ったのかをつぶさに捉えながら、その経験を唯一無二のものとして想起することが必要だろう。たしかに、体験者と非体験者のあいだの隔たりは埋めがたい。しかし、その隔たり自体を想起に誘《いざな》うものと見なければ、一人ひとりのかけがえのない記憶が再び忘却されるだけではない。「戦争放棄」を憲法に掲げながら、戦争に用いられる可能性をつねに秘めた核エネルギーの開発を続けてきた自称「唯一の被爆国」の自己正当化に、被爆の記憶が利用される道をみずから開くことにもなろう。もし逆に、一人ひとりの被爆の経験を、例えば「原爆の悲惨さ」のような言い方に解消することなく見つめるならば、「唯一の被爆国」の神話――言うまでもなく、被爆したのは日本人だけではなかった――を突き抜けたところで、核兵器による無差別殺戮の暴力のみならず、総力戦の暴力、植民地主義の暴力、あるいは戦後「被爆者」を選別してきた法の暴力などが、一人ひとりのなかで錯綜しているのを見て取ることができるはずだ。このとき、広島が被爆に至るまで「軍都」、すなわちアジアの国々に対する侵略戦争の拠点であったことも問われざるをえない。被爆の経験を、被爆した一人ひとりに寄り添いながら想起することは、広島が「軍都」だったことを直視しながら、侵略戦争を、その背景にある植民地主義とともに根本的に反省して、被爆に至るまで戦争を続行した国家の責任を問うことに結びつきうるはずだ。さらには、この戦争責任を等閑視することと表裏一体と言える、国民に等しく戦争被害の受忍を強要する戦後の政府の論理――いわゆる「戦争被害受忍論」――を打ち砕くことにも行き着くと考えられる。

こうして、戦争のなかで被害者であると同時に加害者でもある、あるいは幾重もの意味で被害者である一人ひとりが経験した暴力を解きほぐしながら、その記憶を現在の問題として呼び起こす際に重要なのは、その暴力を、広島以外の場所で人々が被った暴力と照らし合わせることであろう。西洋帝国主義の批判を貫いた比較文学者エドワード・W・サイードは、ある苦難の経験を記憶することは、他の苦難と結びつけることでなければ不十分だと述べている。そうでなければ、その記憶が自閉してしまい、他の場所で忘れ去られて、他の人々が同じ苦難を強いられることになる。いや、すでに無差別殺戮の暴力に、劣化ウラン弾のように放射線を撒き散らす兵器の威力に曝された人々がいるではないか。とすれば、広島の被爆の記憶を受け継ぐとは、広島の人々の記憶を他の場所に生きる人々にも開きながら、他の苦難の経験と照らし合わせて見つめ直し、その地点から、暴力の歴史が繰り返されるのを食い止めようと試みることではないだろうか。このように、世界の叫びに耳を澄ましながら被爆の経験を想起するとき、記憶の継承と平和の追求が一つになると考えられる。また、それとともに平和の概念も、他者とともに生き残ることへ向けて捉え直されるはずである。

平和の概念を捉え直す

広島において今や摩滅しかかっているとさえ言えるまでに人口に膾炙してきた「平和」という言葉、これをすでに述べたように、たんに抽象的な理念としてではなく、暴力の歴史が今も繰り返されているこの世界に生き残る自分自身の可能性を表わすものとして摑み直すべきであろう。言い換えるなら、「平和」を語るとは、それを他律的に掲げられた目標としてではなく、自分が他者たちのあいだで生きること自体に関わる問題として探究することではないだろうか。その際平和の概念を、今日他者を暴力によって排除して追い求められている「安全」の概念からいったん区別することが必要と思われる。「安全」という観念は今、自分と異質な人々に対する根拠のない恐怖――「テロリスト」という語は、他者にこの恐怖を投影して「人間」の埒外へ追い落とすものであろう――を呼び起こしながら、「テロとの戦争」のような新たな形態の戦争を生み出すに至っているのだから。しかもその準備のために、沖縄の人々の暮らしがまたしても踏みにじられようとしているではないか。さらに、イスラエルがヨルダン川西岸に「安全」のためと称して建造している隔離壁は、「アパルトヘイト・ウォール」と呼ばれるとおり、レイシズムとともに植民地主義の暴力を構造化し、パレスティナ人の人間としての尊厳を蹂躙している。そのように「安全」としての「平和」のために戦争が行なわれ、他者を排除する暴力が繰り返されるのに荷担して、生存の余地をみずから狭めないためにも、平和を安全から区別しなければならない。

では、このとき平和をどのような生存の可能性として捉え返せるだろうか。「永遠平和」を説くイマヌエル・カントが、「世界市民」のあいだの平和――彼はこれを国家間の平和よりも積極的に考えている――は「普遍的歓待」を原則として築かれるべきだと述べていることを、また戦争の論理を越える倫理を語るエマニュエル・レヴィナスが、他者がまさに自分にとって他である者として現われるのを受け容れるところに最初の平和を見て取っていることを省みるなら、他者を肯定することにもとづいて、他者とともに生きることのうちで「平和」という語は意味を持つと言えよう。ただし、カントは平和を、あくまで法として打ち立てられるべきだと考えている。彼のように法的次元だけで平和を捉えるなら、法を立てて維持する政治そのものの暴力性に目を閉ざすことになりかねない。その点では、原理的に自分と同じ立場に立つことのできない他者と対面することのうちに根源的な平和があるとするレヴィナスの思考は重要であり、たしかにこのような他者「と平和のうちにある」こととして、平和を捉え直す必要がある。とはいえデリダによれば、そのことを純粋に倫理としてのみ考えることには、実際に遭遇する他者とのあいだに、具体的に平和を築く回路を閉ざす危険も付きまとう。彼はこうした問題を指摘しながら、他者と向き合うことのうちにある最初の平和を、他者「と平和のうちにある」関係として実現する余地を、政治そのものを根底から捉え直すことのうちに求めるのである。

このように、遭遇した他者を選ぶことなく肯定するところから、その他者と「平和のうちに」生きる関係を具体的に築く道を、一人ひとりの生を置き去りにしがちな政治を解体しながら探るとき、平和の概念が、他者とともに生きることのうちに取り戻されるにちがいない。平和は、他者の肯定にもとづいて、また暴力の歴史に立ち向かうこと──そこにあるのは、今世界的に直接行動をつうじて模索されつつある、もう一つの政治かもしれない──をつうじて、他者とともに生きることのうちに築かれうるのだ。被爆の経験を細やかに、他者の経験にも開かれた仕方で想起するとき、暴力とともに放射能という生存そのものの危険が蔓延しつつある現在の世界に、他者とともに、そして死者を置き去りにすることなく生き残る可能性として平和を追求する思考が、ここ広島から再び始まるだろう。

追記

本稿の初出は、広島市立大学広島平和研究所が年三回、日本語と英語の二言語で発行しているニューズレター『Hiroshima Research News』の第一四巻第三号(通巻第四二号、二〇一二年三月二六日発行)。この号より始まった「私にとっての平和学」シリーズの一環として掲載された。

歓待と応答からの共生
——他者との来たるべき共生へ向けた試論——

第一章　共生への問い

第一節　「共生」を問う

共生とはいったいどういうことなのだろうか。

「共生」という言葉が半ばキャッチ・フレーズのように人口に膾炙するようになってすでに久しい。現在でも「共生」の語を耳にしない日はないくらいである。「多文化共生」、「自然環境との共生」、「共生社会」など、「共生」を呼びかけるスローガンは、今や枚挙にいとまがない。しかし、至るところで声高に叫ばれている「共生」という言葉は、最初に掲げた問いに向き合うなかから発せられているのだろうか。そうではないとするなら、新聞の紙面やテレビの画面に躍る「共生」という文字は何を意味しているのだろう。社会に瀰漫する「共生」という言葉のどこか虚しい美しさはむしろ、現在の社会に潜む軋轢を覆い隠しながら、「共に生きる」のとは逆の方向へ社会が進むのに、密かに手を貸してはいないだろうか。[1]

もう一度問うことにしよう。そもそも共生とはどういうことか。あるいは共生が、共に生きることであるとするなら、それはいったいどういうことなのか。この問いに向き合うことなしには、「共生」という言葉を目指すべき生き方を表わすものとして語ることはできないはずだし、「共生」を望ましいと思うことすらできないはずだ。共に生きること自体を問う思考をつうじてのみ、共生を自分自身の生き方として選び取ることができるのではないだろうか。そして、共に生きる可能性へ向けて共生そのものを問い直す思考は、「共生」という言葉の前に立ち止まるところから始まるにちがいない。

あらためて「共生」という言葉を見てみよう。そこではまず「共に」ということが述べられている。では、「共に」とは誰と、あるいは何と「共に」ということなのだろう。もし「共に」ということが意味を持ち、目指されうるとすれば、それは少なくとも自分ではない者、さらに言えば、自分とは異なる者とのあいだ以外ではありえないはずである。それゆえ共生とはひとまず、自分とは異なる者と共に生きることと言えようが、このことをさらに踏み込んで考えなければならない。自分と異なるとはどういうことか。そのような者と共に生きるとはどういうことなのだろうか。本論考は、「共生」という言葉の前に立ち止まり、共に生きること自体を愚直に問うところから、現代の世界における共生の可能性を探る試みである。

第二節　他者と共に生きる

このように、共生ということが自分と異なる者とのあいだで追い求められうるとするなら、共に生きていく相手との差異をどのように捉えるべきだろうか。もし、それを例えば、肌の色や体つき、あるいは言語や生活習慣が異なるといった、容易に観察しうる表徴の差異に還元するなら、「われわれ」と、この「われわれ」とは異質な者たちとの区別が固定され、両者が硬直したアイデンティティのうちに閉じ込められるばかりでなく、「われわれ」のあいだにある差異までもが覆い隠されてしまう。それはとりもなおさず、社会に内在する亀裂を隠蔽することにほかならない。このことが「共生」という語を空虚なイメージに変えながら、自分と異なる者と共に生きることを妨げているのだとするなら、まずはもっと身近なところにある差異へ目を向けるべきであろう。

例えば、たとえ家族や友人のようなきわめて近しい隣人であっても、当然ながらけっして理解し尽くすことはできない。どれほど長く生活を共にしても、家族の未知の一面に気づくことはつねにありうるし、あるいは病床に横たわる友人の苦しむ姿にどれほど心が痛んだとしても、それは友人自身の病の苦しみを味わうことではない。それゆえ非常に親しい人であっても、自分と異なる以上、自分を投影して理解することは不可能なのだ。そのように、自分とけっして重なり合うことがないという意味で、自分と、自分と異なる者とは徹底的に非対称である。ここからは、この自分とは非対称的な者を、「他者」と呼ぶことにしたい。そうすると、自分と異なるとはまず、このように自分と非対称であることであり、共生とはそのような他者と共に生きることであると言えよう。

さて、この他者について徹底的な思考を示すレヴィナスは、その『全体性と無限』のなかで、他者はその「顔」においてまさに「他者」として現われると述べている。ここで「顔」とは、人体の一部位としての顔面のことではなく、敢えてひと言で言うなら、真正面から向き合わせられる他者の姿である。その輪郭なき姿は、他者を特定の一面において捉えることをこれまで可能にしてきた、その他者についての手持ちの観念——例えば、役割や社会的類型のようなもの——を不断にはみ出していく。[2]そのように自分と他者の非対称性を突きつける他者の「顔」は、レヴィナスによれば、他者自身を「高み」から顕現させてもいる。[3]この「高み」という言い方が暗示しているのはまず、他者と同一の平面に立ちえないことである。他者を理解し尽くせないとは、他者と同じ立場を共有できないということなのだ。

自分が「ここ」にいるかぎり、他者のいる「そこ」に立つことはけっしてできない。しかもこのとき、「ここ」と「そこ」を媒介する共通項も存在しない。他者はけっして自分の同類ではなく、むしろ自分は他者と何も共有していないかもしれないのだ。たとえ同じ言語を共有しているかに見えても、ちょっとした言葉遣いをめぐって行き違いが生じるだけで、「母語」という見せかけの公分母が瓦解してしまう。あるいは、特定の人々によって定められた「人間」の概念が、「非人間」を生み出し、「非人間」と決めつけられた者たちの差別と収奪による支配を可能にしてきた植民地主義の歴史を顧みるならば、自分と他者を、「人間」の概念によってひと括りにすることさえもできないはずである。[4]

このように、同一平面上で結びつくことを可能にする共通の公分母が存在しないという点で、自己と他者は、非対称であるばかりでなく、共約不可能でもある。自分と異なるとは、非対称にして共約不可能ということであり、共生とは、非対称にして共約不可能な他者と共に生きることなのである。では、そのような他者と共に生きるとは、より具体的にはどのような生の営みなのだろうか。

第三節　「共棲」と多文化主義を越えて

非対称的で共約不可能な他者と共に生きること、それは少なくとも生態系における生物どうしの「共棲」の観念から、またそのイメージにもとづいて構想される「自然の一部」としての調和的な「共生」の観念から区別されなければならない。なぜなら、こうした「共棲」ないし調和的「共生」の観念は、それぞれ異質であるはずの者たちを「自然」の名の下で同質化したうえで、「共棲」および「共生」を閉鎖系の安定として思い描くことによって、結局は「異物」の排除を正当化してしまうのだから。だが、他者とはまさにこの「異物」でもありうる者のことではないか。そして、そのように異質な者と共に生きることを抜きにして「共生」を語ることに意味があるのだろうか。[5]

あるいは他者と共に生きることは、多文化主義の下でしばしば語られる「多文化共生」とも区別されなければならない。「多文化」を語ること自体が、ともすれば一枚岩の全体としての「単一文化」が多様にあると想定するものであり、そのことは、一つの文化そのものが、各々それ自体複数性を刻印されている複数の文化の交渉によって成り立っていることを忘却することでもある。そればかりか、このとき「多文化」を語りうる立場が「普遍性」を自称する「西洋」の特権的な立場であることも忘却されている。そして、そのような二重の忘却にもとづく「多文化」の「共生」の観念が広く浸透するなら、植民地主義を押し進めてきた西洋中心主義が形を変えて、しかも体よく浸透し、かつての植民地支配の遺制や、現在も続く植民地支配が美化されることにもなりかねない。[6] しかし、非対称的で共約不可能な他者と共に生きる可能性は、「単一文化」なるものを想定し、その下に他者たちをひと括りにして支配してきた植民地主義的な他者への眼差しを内側から乗り越え、植民地支配の暴力を克服することによって、他者にまさに「他者」として出会い直すところからこそ開かれるはずだ。その意味で他者と共に生きることは、「多文化」の「共生」ではなく、むしろ「ポストコロニアル」と形容されるべき共生である。このポストコロニアルな他者との共生が、「グローバリゼーション」の渦中に生きる者の課題ではないだろうか。

ところで、レヴィナスによれば、他者に遭遇するとき、他者に対してまったく無関心でいることはできない。他者の苦しみを気遣ったり、他者に手を差し延べたりするのみならず、他者を無視したり、共同体から排除したりすることも含めて、何らかの応答をしないわけにはいかないのだ。他者の「顔」とはそれ自体、応答を迫る呼びかけなのである。[7] ただし、他者の存在を無視したり、他者を排除したりすることは、他者からの呼びかけを黙殺して、その独自の存在を否認することである。他者と共に生きようとするならば、まず自分が出会った他者を「他者」であるがままに受け容れ、その呼びかけに応えなければならないはずだ。このことはまた、自分自身の「応答可能性」として、出会った他者に対する「責任」を引き受けることでもあろう。[8] この他者に対する責任にもとづいて、他者の特異な存在を肯定し、他者「と平和でいる」関係を築くことができるのではないか。[9]このことが世界のうちに、何も共有していない者たちが共に生きる余地を切り開いていくのではないだろうか。本論考は、今日「グローバリゼーション」と呼ばれる動きが世界を覆いつつあるのを見据えながら、自分とは非対称的で共約不可能な他者と、他者を受け容れ、他者に応答することを出発点に共に生きていく可能性を、平和として模索する一つの試論である。

第二章　歓待の世界化へ

第一節　「グローバリゼーション」による時空間の圧縮とカントにおける「普遍的歓待」

今ここを他者たちのあいだとして見つめ直しつつ、他者と共に生きること。それは今日の「グローバリゼーション」と呼ばれる動きのなかで、差し迫った課題となりつつある。経済的、政治的、文化的変動が複雑に絡み合った複合的現象として、二十世紀から二十一世紀への転換期を中心とする世界規模の変動を構成しているとしばしば語られる「グローバリゼーション」は、一面において、従来の領域を解体するかたちで時空間を圧縮させる動きと言えるが、そのなかで、生そのものが世界的な関係に開かれてしまっているのだから。テクノロジーの「進歩」が、いわゆる「ヒト、モノ、カネ」の物理的な移動のみならず、地球の裏側とも瞬時に情報を交換し、「モノ」や「カネ」を取り引きすることをも容易にするなか、「ヒト、モノ、カネ」が未曾有の規模で国境を越えて行き交うのみならず、地球上の無数の地点が瞬時に結びついてしまう。今やこのことが生きること自体を織りなしているのだ。

こうして、地球上の空間が圧縮されるなか、実際に生きている場所への拘束性が緩み、それとともに国家をはじめとする従来の共同体の領域性も揺さぶられることになる。そして、脱領域的な空間の圧縮は、時間の圧縮の結果にほかならない。とりわけコンピューターの処理速度の向上は、遠く隔たった場所どうしを未曾有の速度で結びつけ、今や地球の「狭さ」を感じることを可能にしている。さらに、このように速度が空間を消滅させるかたちで脱領域的に時空間を圧縮していく今日の「グローバリゼーション」の進展は、地球をあらためて一個の有限な球体として見つめ直させてもいよう。[10]そのようななか、今一度思い起こすべきは、カントが『永遠平和のために』において、すべての人が「地球の表面を共同で所有する権利」にもとづいて「普遍的歓待」の義務を語っていることであろう。歓待、すなわち共生の出発点にある到来する他者を受け容れ、迎え入れる行為は、時空間を圧縮する「グローバリゼーション」が世界を覆うなかで、現実に要請されているのではないだろうか。今や生きること自体が世界的であるうえに、歓待を求める「よそ者」に実際に出会うことも、自分がそのような「よそ者」になることも、きわめて身近な可能性になりつつあるのだから。

カントは、「永遠平和」を実現するための第三の確定条項として、次のような命題を掲げている。「世界市民法は、普遍的歓待の諸条件に制限されるべきである」[11]。「普遍的歓待」、すなわちすべての人が客を受け容れ、また客として迎え入れられることにもとづいて、世界市民の社会が築かれなければならない。ここではそのことが一つの定言的命法の形式で、つまり普遍的かつ無条件の義務として、人類へ向けて語りかけられているのである。ただしここで歓待とは、歓迎し、饗応するといったことではない。当然ながら、特定の社会に見られる客をもてなす習俗を普遍化することはできない。

カントの言う歓待とは、少なくとも「他国の土地に足を踏み入れたというだけの理由で、その国の人から敵として扱われない」ことである。[12] 敵意や差別感情にもとづいて、あるいは犯罪率の増加を招くといった理由で、異邦人の受け容れを拒むことがあってはならないのだ。こうした自分たちの感性的幸福を求める傾向性にもとづく要因に左右されることなく、「敵として扱われない」権利、この「訪問の権利」がすべての人に等しく認められなければならないのである。そして、この権利を他者に認め、他者を迎え入れる倫理的行為が歓待であり、それがすべての他者に対して行なわれなければならないとすれば、歓待とは、いかなる場合にも無条件に引き受けられなければならない普遍的義務ということになる。[13] すべての他者を選ぶことなく歓待しなければならないのだ。このようにカントが歓待を普遍的義務として語りかけていることの意味を、「グローバリゼーション」が時空間を圧縮しつつ地球上のあらゆる場所を結びつけている状況を見据えながら、あらためて問う必要があるのではないのだろうか。

第二節　地球の表面を共生の場として再発見する

さて、ここで注目したいのは、先にも触れたように、すべての人に認められるべき「訪問の権利」を、カントが「地球の表面を共同で所有する権利」にもとづかせていることである。「この訪問の権利は、地球の表面を共同で所有する権利にもとづいて、互いに友好関係を結び合うよう、すべての人間に認められなければならない権利である。地球の表面は球面であるため、人間は無限に散らばって生きることはできず、結局はどうしても隣り合って共存することを耐え忍ばなければならないのであるが、根源的には誰一人として、地上のある場所にいることに関して、他者よりも多くの権利を所有しているわけではないのである」[14]。人類が住む地球の表面は一つの有限な球面であるがゆえに、人類はそれを分かち合うことによって共存していくほかはない。裏を返せば、地球の表面ないしその一部を所有する権利を、誰も独占的には有していないのだ。

このように、自分が生きている場を他者と分有しなければならない一つの球面として見つめ直すならば、そこから「自分の土地」の境界も、国家の領土の境界もいったん消滅し、それとともに自分が根源的には「よそ者」であることが露呈する。一人ひとりはどこにあっても、歓待を受けなければ生きていけない異邦人であり、また他の異邦人を歓待して共に生きていかなければならないのである。このことが現在の「グローバリゼーション」のなかで再認識されるべきではないか。時空間を圧縮する動きが地球を一個の球体として現出させつつある今、その有限な球面を他者と共に生きる場として再発見し、この共生の可能性を「普遍的歓待」を出発点に探ることが求められているのではないだろうか。カントの議論を今読み返すとき、文字通りには全世界が一個の「球になること」である「グローバリゼーション」——それが中国語で「全球化」と書かれることは、この文脈においては示唆的であろう——ということで最初に考えるべきなのは、他者との共生の場として地球の表面を見つめ直し、そこで実際に共に生きていく余地を切り開くことと思われるのである。[15]

こうして、生の営まれる場を一個の有限な球面として見つめ直すことによって、地球上の一定の場所を占有するいかなる権利もけっして絶対的ではなく、むしろどこにあっても自分が根源的には「よそ者」であることを再認識し、「普遍的歓待」の義務を引き受けるならば、「世界市民」としての「人類」の平和を実現しうるとカントは述べている。「このように外国から来た者に歓待の権利が認められるという仕方で、世界の遠く隔たった諸部分どうしが平和的に関係を築くに至り、やがてこの関係は公的で法的なものとなって、ついには人類を世界市民的体制に近づけうるのである」。[16] カントがそのような見通しをもって、「永遠平和」を、人類がその実践において引き受けるべき「課題」として語りかけていることを見て取るとき、「世界市民法は、普遍的歓待の諸条件に制限されるべきである」という命題の意味するところを理解することができるだろう。[17]

根源的には「よそ者」であり、潜在的に「世界市民」である者として、同様の資格を具えている「よそ者」としての他者——こうした「よそ者」たちの関係としてのみ、「人類」という理念を構想しうるだろう——を選ぶことなく歓待しなければならない。[18] カントによれば、それが「永遠平和」へ向けた義務なのである。しかも、すでに述べたように、こうして歓待にもとづいて他者「と平和でいる」関係を築いていくことは、「世界の遠く隔たった諸部分どうし」を瞬時に結びつける「グローバリゼーション」が進行している今、他者と共に生きていくうえでの差し迫った課題でもあるはずだ。

そう考えるとき、彼が語る隔たりを、たんに物理的な空間の距離としてのみ考えることはできないだろう。それは経済的な格差でもありうるし、ある意味でカントを越えてそう考えるならば、歓待とはけっして「外国から来た者」だけを受け容れることではなく、身近な場所からやって来る客を迎え入れることでもある。そして、この隔たりとは、究極的にはあらゆる他者とのあいだにあるけっして埋めることのできない距離であろう。そのなかで他者を歓待することが、他者「と平和でいる」こと、それとともに他者と共に生きていくことの出発点にあるのだ。

そして、他者を迎え入れるとき、他者との共生の場として地球の球面を見つめ直し、自分が根源的に「よそ者」であることを再発見しなければならない。それをつうじて、地球上に他者との共生の空間を切り開く、可能性としての——カントが「課題」として人類に提示する「永遠平和」とも重なりうる——歓待の世界化へ向けて、もしかすると時空間を圧縮する現在の動きを逆に生かすことができるのかもしれない。ただし、その可能性を探るためにはまず、現在の「グローバリゼーション」をもう少しつぶさに捉え直し、それに内在する他者「と平和でいる」ことを妨げる問題に向き合わなければならないだろう。

第三章　現在の「グローバリゼーション」のなかの暴力

第一節　「安全」への関心と排除の暴力

これまで「グローバリゼーション」を脱領域的な時空間の圧縮をもたらす動きとして描き、そのなかで他者の歓待が共生へ向けた課題として浮上していることを指摘してきたわけだが、ここでただちに付け加えなければならないのは、従来の領域が解体されていくのとほぼ同時に、「再領域化」とでも言うべき動きが、現在の「グローバリゼーション」のなかに生じていることである。地球を覆う情報通信のネットワークが、空間的に遠く隔たった人々を瞬時に結びつけるようになるなか、このネットワークへのアクセスを国民に対して制限する国々が現われたり、国境を越えた人々の移動が盛んになるなかで、国外からの移民に対する敵意を煽りながら「国民」や「民族」への帰属を訴える言説が一定の影響力を獲得したりといったことを、この再領域化の例として挙げることができよう。あるいは、国民国家の領域性が揺さぶられるなかで、アメリカ合州国がしたように、大規模なフェンスまで設置して国境の管理を強めたり、一国内で、場合によっては国境を越えて、民族集団や信仰集団が結束を強めたりすることも、この脱領域化のなかの再領域化に数えることができるかもしれない。[19]

その一側面として、パレスティナの隔離壁やゲイティッド・コミュニティの存在が示すように、「安全」への関心のもと、敵視された他者と「われわれ」を分断する障壁を築き、他者を排除する動きがあることは、ここでけっして無視することはできない。「安全」の名のもとで他者を排除するこの動きこそが、あらゆる公共空間の私有化を押し進めるとともに経済的格差を拡大していく現在の「グローバリゼーション」の進展とも軌を一にしながら、他者を排除する暴力を世界中に遍在させ、他者「と平和でいる」ことを妨げていると考えられるからである。[20] 他者と共に生きていく空間を切り開いていくためにはまず、「平和」を「安全」から区別しながらこの暴力を見定め、乗り越えることが必要であろう。

さて、この「安全」への関心のもとで遂行される政治を、敵視の政治と呼ぶことができるかもしれない。「安全」への関心とは、「われわれ」の「安全」のために、その脅威となる他者を「敵」と見て、この「敵」から身を守ろうとするものにほかならないのだから。それゆえここで政治とは、一面においてシュミット的な、「友」と「敵」を基礎概念として両者を分割することによって行なわれる政治ではあるが、ただし「友」と「敵」を分ける決断の主体は、もはやシュミットが考えたように一個の主権国家ではない。[21] むしろ、力ある諸国家や多国籍企業などによって脱領土的に組織されるネットワーク型の権力に、それが浸透した地球規模の情報ネットワークへのアクセスによって身体のみならず頭脳までも組み込まれた者たちが、まさにその権力の利害を体現するかたちで「安全」を「治安」に還元し、根拠のない仕方で他者を敵視して脅え、「敵」としての他者の排除を求めるのである。[22]

このとき排除されるべき「敵」を名指す言葉として、それが本来含意している政治性を揮発させながら濫用されるのが、「テロリスト」という語にほかならない。[23] そして、この「テロリスト」という語が用いられるとき、現在の世界を統治する権力が、まさにフーコーの言う意味での「生＝権力」、すなわち「生きさせるか死のなかへ廃棄する」権力として姿を現わす。[24]「テロリスト」という呼称が一方的に投げつけられるのは、「死のなかへ廃棄する」ことが可能な「異物」なのだ。だからこそ、二〇〇一年九月一一日の出来事をきっかけに開始され、今も続いている、アメリカ合州国とその同盟国による「テロとの戦争」においては、デイジー・カッターのような、村一つを一瞬で消し去る破壊力を持った非人道的な兵器が用いられ、「テロリスト」として捕らえられた者たちが、グアンタナモのような世界の耳目の彼方で人権が蹂躙される収容所へ送り込まれたのである。

したがって、このような仕方で遂行される「テロとの戦争」によって作り出されようとしている「安全保障」体制とは、「異物」としての他者の抹殺にもとづくものであり、「安全」への関心のもとで行なわれる政治が極まるところもここにある。[25] その政治とは、政治そのものとしての抗争の対等な相手として「敵」を必要とするシュミット的な政治ではなく、「テロリスト」と敵視された他者を徹底的に排除しようとする政治である。「治安」としての「安全」への関心が世界を覆うなか、保護された空間を囲う壁のかたちで、あるいは他者を抹殺する剝き出しの姿で世界中に浸透しつつあるのは、この政治が行使する排除の暴力なのである。

第二節　戦争の恒常化と世界の植民地化

実際、身近な場所のセキュリティ・システムが示すように、他者を敵視し、排除することにもとづいて「安全」を確保しようとする企てが、現在の新自由主義的な「グローバリゼーション」の下、生活空間全体を覆うかたちで進められていることは見紛うべくもない。そして、この企てに終わりはないのだ。一度犯罪者を取り押さえたからといってセキュリティ・システムを手放す者はいない。「安全」への関心の下で「敵」と見た他者に対する脅えはけっして止まず、他者を排除する暴力は無際限に繰り返されていく。そのことをまざまざと見せつけているのが、今も続く「テロとの戦争」なのである。

しかも、空港の保安検査の強化や身近な場所の「テロ対策」が示すように、この戦争は、戦場とそうでない場所の区別を消滅させながら遍在化してもいる。「テロとの戦争」は、「戦時」と「平時」の区別を無くして戦争という「例外状態」を恒常化したうえ、世界全体を潜在的な戦場にしつつあるのだ。[26]他者の歓待にもとづいて「世界市民」の「永遠平和」を構想するカントの理想とは裏腹に、他者を排除する暴力が、「戦争」という剝き出しの姿で世界に浸透し、その「戦争」は恒常化しようとさえしているのである。

さて、このような世界内戦とも言うべき今日の外部なき戦争が、例えばフランスがかつて植民地支配していたアルジェリアで戦ったような植民地戦争といくつかの特徴を共有していると言われることは、注目に値しよう。[27]まず、いわゆる「外地」でありながら「国」の一部でもある植民地において警察と軍隊の役割が混じり合っていたように、主権国家ではなく、「テロリスト集団」を相手とする「テロとの戦争」においても、軍隊の役割は警察化している。アメリカ合州国とその同盟諸国の軍事行動は、世界の秩序を乱す「犯罪者」を懲罰する「警察的」なものであることを自任しているのだ。またアルジェリアでの戦争が、拷問や大量処刑をはじめ、あらゆる手段を用いて戦われた「汚い」戦争であったのと同様に、「テロとの戦争」も、先に挙げたような非人道的な武器や施設を駆使して戦われている。そのように、過酷な仕方で警察的な軍事行動が押し進められるのは、一面で、法秩序を代表すると自称する側が「不法」と見なす者たちを相手にしているからではあるが、他者に対する苛烈な暴力を根源的に可能にしているのがやはり他者の差別であることは言うまでもない。この差別とは、植民地戦争においては、植民地の被支配者に対する人種的な差別であるし、「テロとの戦争」においてはすでに述べたとおり、「テロリスト」を人権の埒外にある「異物」と見なす差別である。そのように、差別を背景に圧倒的で過酷な軍事的暴力が警察的な仕方で行使され、「不法」とされた者たちが徹底的に弾圧されるという点で、植民地戦争と「テロとの戦争」は類似しているが、異なるのは、後者が一つの世界の内部の戦争として戦われていることである。もはや宗主国と植民地の空間的区別は存在しない。言わば、一つの植民地としての世界の治安維持のために、「テロとの戦争」は続いているのである。

こうして一つの世界の内戦としての戦争が植民地戦争のように戦われるなかで、実際に世界の新たな植民地化が進行していると見る議論もある。時空間の圧縮によって世界が全体として一つの球体と化す現在の「グローバリゼーション」のなかで押し進められる、新たな形態の植民地主義、それは植民地なき植民地主義とでも呼ぶべきもので、もはや特定の地域を収奪の場として支配するものではない。[28] この新たな植民地主義は、ある場所からは資源を、またある場所からは労働力を収奪し、さらには世界全体を市場化することによって、富と権力をひと握りの人々の下に集中させていく。そのために「ヒト、モノ、カネ」を流通させる「安全」な回路を確保するのが、治安維持的な「テロとの戦争」であると見ることもできよう。

こうして、世界規模で経済的な格差を拡大させながら、世界の大多数の人々を支配下に収め、収奪の対象にしていく新たな植民地支配の権力を象徴するのが、資本の結節点としての「グローバル・シティ」である。ニューヨーク、ロンドン、パリ、東京など、世界中の多国籍企業が集まると同時に世界中から移民労働者を集める「グローバル・シティ」は、富の集中を背景に大規模にモードが消費される場であるとともに、極度の貧困を抱え、世界的に広がる格差が凝縮されたかたちで現出する場でもある。無数の障壁とセキュリティ・システムによって幾重にも隔離された「グローバル・シティ」の周辺には、労働力の植民地と化した郊外が広がっているのだ。[29]

そして、二〇〇五年のパリ郊外に住む若者たちの反抗が示したように、「グローバル・シティ」において貧困層へ追いやられる人々の多くが、旧植民地の被支配者の末裔であるし、世界資本の進出によって生態系とともに生活が破壊されるのも、多くがかつて欧米諸国の植民地だった場所である。その点で、たしかに今日の新たな植民地主義は、かつての「列強諸国」による植民地主義の遺制という側面を持っていよう。とはいえ、それが同時に新たな局面で現在進行している問題であることも忘れることはできない。植民地主義の歴史は、今や世界全体を一つの植民地として継続しているのである。

この歴史が継続するなか、戦争における剝き出しの暴力のかたちで、あるいは——パレスティナの隔離壁が「アパルトヘイト・ウォール」とも呼ばれることが象徴するように——新たなレイシズムのかたちで、他者の独自の存在を否認し、排除する暴力が世界全体に、いやそこに生きている者たち自身のうちに浸透している。[30] それゆえ、他者「と平和でいる」という仕方で他者と共に生きる可能性を切り開こうとするならば、まずは身の「安全」のために他者を敵視し、排除する眼差し——それは、世界を植民地として支配する権力に同一化しようとする視線でもある——を乗り越え、他者を歓待する余地を自分自身のうちに開く必要がある。こうして、他者を否認して排除する暴力を内側から乗り越えることによって、植民地主義の歴史の連続を中断させることへ向けた一歩を踏み出さなければならないのではないだろうか。このような意味でポストコロニアルであることが、来たるべき他者との共生へ向かうための課題であると考えられる。

第四章　ポストコロニアルな共生へ向けた歴史的責任

第一節　「ポストコロニアル」という言葉が意味するもの

「ポストコロニアル」という語は、たしかに文字通りには「植民地主義以後」ということを意味している。しかし、「グローバリゼーション」の進展する現在の世界において、植民地主義がなおも形を変えて押し進められていることを見据えながら他者との共生を追い求めるとき、「ポストコロニアル」という語は、けっしてたんに時間的に「植民地主義以後」であることだけを意味するものではない。

まず、植民地主義の歴史が現在もなお継続している以上、ポストコロニアルであることを、連続的な時間の延長線上に考えることはできないはずである。支配と被支配の関係を越えて、ポストコロニアルと形容しうる仕方で他者と共に生きることはむしろ、植民地主義の歴史を中断させた後にこそ可能であり、そのために植民地主義的な支配の構造それ自体を解体し、それを貫く暴力を克服しなければならない。そして、世界が今全体として一つの植民地と化しつつあるとすれば、このことは焦眉の課題でもある。それゆえ「ポストコロニアル」という語の「ポスト」という接頭辞は一方で、植民地主義の歴史を中断させた先を指し示すものであり、「ポストコロニアル」という語を用いるとは、現在を支配する歴史の彼方へ向けて、植民地支配の構造を、それを貫く暴力もろとも乗り越えようとする立場を表明することにほかならない。[31]

このように、ポストコロニアルであることは、現在も続く植民地主義の歴史を中断させた先に、支配と被支配の関係ではない他者との共生の未来として考えられる一方で、この未来が歴史的責任にもとづいてのみ追求されうることも忘れられてはならない。植民地主義の歴史を乗り越えることは、その歴史の過程において何が行なわれたのかを見据えることなしには不可能であり、またそうして初めて植民地支配の構造も見通されてくるのだから。そして、この歴史を形成する行為の数々が、他者の心身に消し去ることのできない傷を残す暴力を伴うことは言うまでもない。

それゆえ、ポストコロニアルな世界を目指すとは、暴力の歴史を踏まえながら、そこで他者に行使された暴力を再び繰り返さないことであり、他者との共生を目指す者にはその責務が課せられるのだ。

「ポストコロニアル」という語の「ポスト」という接頭辞は他方で、植民地主義が押し進められていく過程で取り返しのつかない暴力行為がなされてしまった後に、その歴史を踏まえて引き受けられるべき責任を指し示すものであり、「ポストコロニアル」という語を用いるとは、植民地主義の暴力を乗り越える責任を担う立場を表明することなのである。[32]そのように、自分がそのなかに生きている植民地主義の歴史に由来する責任を引き受けることによってこそ、ポストコロニアルな他者との共生を、自分自身の可能性として追求することができるはずである。

第二節　共生へ向けた歴史的責任

ここで、ポストコロニアルな共生へ向けた歴史的責任とは、あくまで自分が現在身を置いている具体的な歴史的状況における、現実に出会う他者を前に生じる責任であり、さらに言えば、それは状況のなかで遭遇する一人ひとりの他者に応答することによって引き受けられる責任である。とりわけ私を含めて現在「日本人」として生きている者が植民地主義の克服を目指そうとするとき、かつて日本がアジアの他の国々に対して行なった植民地支配と侵略戦争を記憶し、その暴力を再び繰り返さない責任を、他者に対する自分自身の応答可能性として引き受ける必要がある。[33]

「日本」という国家の名において他者のうちに消し去りがたい傷を残す暴力が行使されたとき、その国民としての「日本人」のアイデンティティには、その暴力の主体である植民地主義者であることも払拭しがたく刻み込まれたのであり、そのような「日本人」に対して暴力の責任を問う声が——かつてその「日本人」によって「従軍慰安婦」にされた女性たちがソウルの日本大使館前で毎週行なっている「水曜デモ」が示すように――今も上がっている。[34]「日本人」として生きている者は、その問いかけの声に応えるところからのみ、「ポストコロニアル」な他者との共生への道筋を、アジアの他の国々の人々とのあいだに切り開きうるのではないか。自分を問いただす他者の声に応えて初めて、これまでの不信を越えて他者と出会い直すことができるのではないだろうか。

このように、他者に応答する可能性として考えうる「日本人」の責任は、とくに直接的な加害の罪責を負っていない者が引き受けるべき「戦後責任」として考察されるべきだろう。[35]当然ながら、第二次世界大戦における日本の敗戦に先立って、アジアの他の国々の人々を実際に殺し、傷つけた人々、あるいはそのような暴力に当時荷担した「日本人」たちは、直接的な加害の責任を問われなければならないし、それによって処罰の対象となるはずの人々も数多くいるが、敗戦後に生まれた「日本人」が、そうした直接的加害の罪責としての戦争責任を負っているわけではない。

だからといって、直接的な加害者の末裔として生きている、いわゆる「戦後生まれ」の者が、日本の植民地主義の歴史に由来する責任と無縁であることはけっしてありえない。むしろ直接的な加害の罪を負っていない者こそが引き受けうる戦後責任が、植民地主義的な暴力の克服へ向けて、今問われているのだ。[36]その責任を否認することは、他者からの呼びかけに対して耳を塞ぎながら、植民地主義の歴史がこれからも続き、他者を排除する暴力が繰り返されていくのに荷担することでしかない。

ポストコロニアルな他者との共生へ向けた歴史的責任としての戦後責任、ここでそれを敢えてひと言で言えば、日本の植民地主義の歴史における加害行為を、自分のアイデンティティの根幹に関わる問題として記憶し、植民地支配と侵略戦争の暴力を二度と繰り返さない責任である。そしてこの責任が、戦争を経験した「日本人」も、直接的な加害の罪責とともに引き受けるべき責任であることは言うまでもない。このような戦後責任を、「日本人」の責任を問う声に応えて引き受けることによってこそ、ポストコロニアルと形容しうる他者との共生へ向けて一歩を踏み出すことができるはずである。このように考えるならば、現在「日本人」として生きていて、かつ他者「と平和でいる」仕方で共に生きることを望む者にとって、「ポストコロニアル」という言葉は、その戦後責任の在り処を、真に「戦後」にあると言える他者との関係へ向けて指し示しているのではないだろうか。

第三節　歴史的責任を引き受ける

さて、このような戦後責任を実際に他者の前で引き受けることが問題となる場面として、まず、日本の植民地主義の下での暴力の記憶を他者が証言するのに接する状況を考えることができよう。先ほども引き合いに出した、かつて日本軍の「従軍慰安婦」にされた女性たちの証言は、「日本人」として生きている者の責任を呼び覚ます問いかけとして語られているはずである。それは長い沈黙を破って、一九九一年に初めて語り出された。[37] こうして重い口を開くことが、日本軍の性暴力の被害者たちの心身に深く刻まれた傷の傷口をみずから開くことであることは、けっして忘れられてはならない。未だ過ぎ去ることのない出来事の記憶そのものが語るかのような暴力の記憶の証言、それは癒合することのない傷口から語り出されてくるのだ。
だが、そのような苦しみを背負ってまで、生き残った被害者たちがその暴力の記憶を証言するのはなぜだろう。それは一つには、誰も代わって証言できないからである。戦争のなかで抹殺された者や現在まで生き残ることができなかった者は、もはや証言することはできない。そのような死者たちに代わって、自分こそが語らなければならないのだ。証言できない死者たちに対する責任にもとづく自身の唯一性において、生き残りの一人ひとりはその記憶を語る。[38] しかし、そうして代替不可能な立場において証言を行なうのは、未だに正義が実現されていないばかりか、死者たちをも脅かす暴力が今も止んでいないからでもある。国家による「従軍慰安婦」という性奴隷制度の被害者に対する公式謝罪と国家補償が拒まれている状況は現在も変わらないうえに、被害者たちは、この性奴隷制度の暴力を否認しようとする歴史修正主義の暴力にも曝され続けている。しかも軍人による性暴力は、今も繰り返されているのだ。[39]
そのように、今もなお暴力の歴史が続いていることをも突きつける元「従軍慰安婦」の記憶の証言に触れるとき、聴き手に最初に課せられるのは、被害者の心身に癒えることない傷を残した出来事を記憶する責任である。暴力の記憶の証言に応答するとはまず、証人のなかでけっして過ぎ去ることのない出来事に向き合うことなのだ。それは、証言される記憶を、定型化された言い回しのうちに回収したり、あるいはそうすることで既成のひと続きの物語のなかに解消したりすることではけっしてありえない。証言を聴き届けるとはむしろ、それらを徹底的に解体して、自分の歴史認識を根本的に刷新することなのだ。証言に耳を傾け、それに応えて証言される出来事を見据えるとき、従来語られてきた歴史を総体として問いたださざるをえない。死者たちの沈黙でもある沈黙とともに、苦痛のなかから語り出されてくるのは、すでに物語られて支配的になっている歴史においては語られていない記憶なのだから。[40]

この未だ歴史として物語られていない暴力の記憶という一点から、一つの神話と化してもいる歴史を総体として見つめ直すなら、その歴史を暴力の歴史として問いただしうるとともに、それを貫く支配の構図を見通しうる視点に立つことができるだろう。元「従軍慰安婦」のような日本の植民地主義の下での暴力の被害者の証言に応えて、それが証す出来事を記憶するとは、その出来事の記憶から日本の植民地主義の歴史を捉え返すことであり、暴力の記憶の証言を聴き届けようとする者は、まずその責任を引き受けなければならないのである。

このようにして、歴史を総体として見つめ直しながら出来事を記憶する責任は、必ずしも「日本人」でなくとも、証言に接した者であれば、基本的には誰もが引き受けうる責任である。しかし、かつて「従軍慰安婦」にされた女性たちの証言のなかから発せられている責任の問いかけと正義への呼びかけは、まずは「日本人」へ向けられている。[41] もし証言の聴き手が「日本人」であるならば、問いの宛て先としての「日本人」であることを他者の前でいったん引き受けて、その責任を問う声に耳を澄まさなければならない。なぜなら、そうして初めて「日本人」である者は、「日本人」に問いかける歴史の証人の存在を受け容れ、この証人に応答しうる回路を開きうる――そうでなければ、問いかけを無視して応答の回路を閉ざすことになろう――のだし、植民地主義の暴力が、人種、民族、国民、性などの差別を作り出す暴力であり、それが清算されていない以上、こうした差別にもとづいて「日本人」であることはけっして無視できないのだから。[42]

そして、「日本人」でない者の前で「日本人」であることを引き受けながら、「日本人」のアイデンティティの拠り所ともなっている歴史を、証言される出来事の側から総体として問いただすという記憶の責任を負ったうえで、「日本人」の聴き手に何よりもまず求められるのは、植民地主義者としての「日本人」であることをみずから乗り越えて、植民地主義の暴力を繰り返さない責任をみずからに課すことである。「日本人」であることを内側から突き破りながら、そのような責任を引き受けることが、唯一無二の証人の言葉に含まれる呼びかけに応答することなのだ。

例えば、もし元「従軍慰安婦」の証言に接した「日本人」の聴き手が、性奴隷制度の暴力の直接の加害者ではないならば、そのことを明らかにしたうえで、未だ実現されていない正義、この来たるべき正義へ向かう立場を表明すること、これが「日本人」として問いかけられた者の歴史的責任を、他者との共生へ向けて引き受けることにほかならない。[43]こうして加害の罪責としての戦争責任から区別される戦後責任を、真の「戦後」へ向けて引き受けることは、性奴隷制度の暴力をはじめ植民地主義の暴力の隠蔽が「日本人」の国民的共同性を形成しているとするならば、それを打ち破ってこの共同性そのものを問いただし、神話的虚構としての「同胞」とではなく、自分に呼びかけ、問いかけてくる他者、そのようなあり方で現にそこに存在する他者と共に生きることを選ぶことである。そして、そのように証言に応答することは、証人の唯一性を認めることであり、それはひいては、国民としての「日本人」であることを可能にする対立項にはけっして解消されない、特異な自己を具えた他者のかけがえのない存在を肯定することなのだ。

しかも、証言への応答とともに証人という他者の存在を肯定するとき、証言の聴き手も国民的アイデンティティから解放されながら、この唯一無二の他者に応える自己を見いだしている。他者からの問いかけに応えて歴史的責任を引き受けることは、「国民」のようなアイデンティティの枠を越えて他者と出会い直すことを可能にするのであり、こうして他者に応答する地点からこそ、植民地主義の暴力を乗り越えながら、ポストコロニアルな他者との共生の空間を切り開きうるのではないだろうか。[44]さらに、そのことは、他者を歓待する可能性へ向けて自分自身を見つめ直すこととも切り離せないはずである。

第五章　応答可能性から歓待へ

第一節　応答可能性の根源にある傷つきやすさ

このように、他者の問いかけに応えてみずからの歴史的責任を引き受けるとは、何よりもまず他者に応答することであり、それは他者の面前で、その他者に応える自分を新たに見いだすことでもある。そのとき、自分が背負ってきたアイデンティティを、さらには歴史をはじめその自明の拠り所をなしてきたものを問いたださないわけにはいかない。これまでの自分が根底から揺さぶられるなかから、他者と共に生きようとする自分が誕生するのだ。そのような経験の可能性が、もしかすると自己の同一性に先立っているのではないか。これまで「国民」のアイデンティティを背負うことによって、それぞれ特異な他者の存在を否認し、排除してきたとすれば、そのとき同時に自分が根源的に他者に開かれていることをも否定してきたのではないだろうか。レヴィナスは、『全体性と無限』に続く第二の主著とも言うべき『存在するとは別の仕方で、あるいは存在することの彼方へ』において、一定の同一性のうちに安住するに先立って根源的に他者に開かれている自我のあり方を、「無関心＝ならざること」から解き明かそうとしている。

すでに述べたように、遭遇した他者に対してまったく無関心でいることはできない。眼の前にいる他者に対して何らかの応答を示さないわけにはいかないのだ。それが無関心を装うことであるとするなら、この振る舞いは他者の存在の否認を表明するがゆえにきわめて暴力的であるが、それはレヴィナスに言わせれば、他者に対して「無関心＝ならざる」自分をも否定するものでもある。むしろ他者に対して無関心でいられない自分を肯定するところからこそ、他者の存在を肯定し、他者に応答する可能性が開かれるのだ。だとすれば、特定のアイデンティティを担う手前で他者に開かれていることから出発して、他者と共に生きる可能性を、自分自身のうちに探るべきではないだろうか。

レヴィナスによれば、他者に対して根本的に「無関心＝ならざること」は、自我が一定のアイデンティティティを獲得するに先立って、自己との差異のうちに、さらには不断の動揺のうちにあることを示している。[45]他者に遭遇するとき、つねに「自己に反して」応えざるをえない。そのことが他者に対する責任を喚起するのであり、この「自己に反して」ということが、生それ自体を動かしているのだ。レヴィナスはこう述べている。「自己に反しては、生きることそのものとしての生に刻印されている。忍耐するがゆえに、老いるがゆえに、生は、生に反した生なのだ」。[46]苦しみに耐え、それとともに老いを刻んでいく身体的な生の過程を「自己に反して」ということが貫いている。そして、「自己に反して」生きることを強いるのが他者との遭遇にほかならない。しかも、身体を持って生きるかぎり、このことを究極的には避けることができない。この世界に身体を持って生きるとは、他者に曝されることであり、不断に他者によって動揺させられることなのである。

このように他者に曝されている自我の受動性——能動との対立に先立つ根源的な受動性——を、レヴィナスは「感受性」と表現し、それを「可傷性」と規定している。[47]自分自身の根源にあるのは、けっして同一性をもった自己という基盤ではなく、傷つきやすさなのだ。ただしそれは、暴力によって身体的に傷つけられたり、あるいは精神的に苦しめられたりしうることだけを意味するものではない。自我の根本的な脆弱さとも見えるこの傷つきやすさを、レヴィナスは他者に対する応答可能性の根源として語っている。彼によれば、乗り越えることのできない無力さに映るところからこそ、他者に応え、他者と共に生きていく可能性が開かれるのだ。[48]

実際、他者に出会うとき、他者によって動かされざるをえない。苦悩する他者を見れば、けっして苦しむことのできない他者の苦しみによって胸を締めつけられる。そのことを打ち消して他者を無視することが、他者の存在を否定しつつ他者に対して「無関心＝ならざる」自分をも否定することであったとすれば、それとは逆に、他者の苦しみによって触発された自分の苦しみを生き、他者の苦しみを自分のことのように苦しむことが、他者の存在を肯定し、他者と共に生きることの出発点にある。しかもこのとき、他者に対する応答可能性としての責任も喚起されているのだ。このような責任にもとづく共生へと通じる、共感ないし共苦の回路が、自己同一性の手前に再発見されるべきではないか。[49]この回路が、アイデンティティの壁を越えて他者と出会い直すことを可能にするのではないだろうか。

ただし、このように他者の苦しみに共振し、それを共に苦しむことがあるとしても、そのことはけっして他者との融合を意味するものではない。他者の痛みに寄り添うことは、すでにして届くことを誰も保証できない祈りである。レヴィナスによれば、他者との接触のうちにあるのは、無限の距離を孕んだ「近さ」なのだ。[50]先に触れたように、「他者」としての他者との遭遇とは、他者の「顔」を目の当たりにすることであるが、他者をその他者性において顕現させる「顔」とは、彼によると、みずからの死に曝されながら現在を絶えず過ぎ去っていく他者自身の「痕跡」でもある。[51]それゆえ、けっして他者と同じ現在を共有することはできない。他者が苦しみを被るのに、さらに死んでゆくのに、自分はつねに遅れてしまう。そのような時の隔たりこそが、他者との非対称性をなしているのだ。そして、このような他者との根源的な非同時性を示す「痕跡」としての「顔」において、他者は、死に曝されたその脆さを露わにする。他者に、時の移ろいのなかで遭遇するとき、このことに共振し、動揺させられるのである。

パレスティナのガザ地区で、閉じ込められた子どもたちがイスラエル軍の爆撃に曝され、傷ついていく姿が文字から伝わるのに胸を掻きむしられる。もうその子どもたちは傷ついていて、もしかするとすでにこの世にはいないかもしれないのに。こうして他者と隔てられながら、いやむしろそうであるからこそ他者の苦しみを自分のことのように苦しんでしまう「可傷性」としての「感受性」の根本的な構造、これをレヴィナスは「身代わり」と呼んでいる。傷つきやすさとは、他者の「身代わり」になってしまう可能性なのだ。だとすれば、「私」は一定のアイデンティティを獲得するはるか以前に、根源的に「他者のために」、また同時に「他者の代わりに」生きていることになる。[52] しかも、それに先立つ自己の在り処を想定することはできない。したがって、他者の「身代わり」になってしまうところからその他者に応答するところにこそ、他ならぬこの自分というものの生成を、他者を迎え入れ、他者に応える可能性において見届けることができるのではないだろうか。[53]

第二節　アイデンティティに先行する歓待

実際、レヴィナスによれば、このように「可傷性」としての「感受性」を具え、他者の「身代わり」になりうることは、他者を歓待することへも開かれている。ただしここで歓待とは、主人が主《あるじ》であるままに客を迎えるということではない。むしろ主であること自体が、客によって揺さぶられ、覆されることであり、「感受性」とはその可能性なのだ。レヴィナスはこう述べている。「他者のために身代わりになる一者は、主体においてはけっして集約ではなく、（内面性として孤立している）自我が、自分に託されている客によって不断に疎外されること――歓待性――である」[54]。例えばある家の主人は、招待状を送ることによって特定の客を招こうとすることはできるが、客が来ること自体を統御することはできない。招かれざる客がやって来ることはつねにありうる。それゆえ、客が戸口に立つことは、招待といった主の側の選別の結果ではなく、他者の予測不可能な到来そのものである[55]。それに応じるのが歓待にほかならない。歓待するとは、到来する他者を、選ぶことなく客として迎え入れることなのだ。そして、そのように歓待の行為を規定するのが客の側であることが、主人が主であることを疎外するのである。

もちろん、そのように歓待において「主」の座に就くのが主人ではなく、むしろ客のほうであることは、当然のことながらスキャンダラスなことだろう。突然やって来た者によって家や社会が掻き乱され、そのなかで自分が保ってきたアイデンティティが揺さぶられることになるのだから。だからこそ、現在欧米語で歓待を意味する語の語源となったラテン語の hospes の古形 hostis は、後にもっぱら敵を意味するようになったのかもしれない[56]。それゆえ、たしかに客とは未知の異邦人であり、敵でもありえよう。しかし、レヴィナスが述べていたのは、こうしてつねに未知の異邦人として到来する他者と接するなかで、「自己に反して」生きることこそが生であり、そこにある動揺が一定の自己同一性に先立っていることである。だからこそ歓待しうるのであり、それゆえ歓待の可能性は、あらゆるアイデンティティに先立っている。さらに言えば、主が主でありうるのは、あるいは主権というものが考えられうるのは、客を迎え入れる可能性においてのみなのである。[57]

アイデンティティに先行する歓待の可能性。それにもとづいて実際に到来する他者を歓待するとは、他者としての客を自己に同化させることではけっしてありえない。シェレールが『歓待のユートピア』で述べているように、むしろ遭遇した他者を前にして、その他者を受け容れる可能性へ向けて自分を変えることであり、その意味で自己を他者にすることである。[58]そして、他者を前にして、それとは別の他者に自分を変成させるとは、今辿り着いたところ——「私の家」や「私たちの街」など——以外に場所を持たない無防備な異邦人を迎えることによって、自分自身も、自分や自分たちだけの「わが家」や「国」を失って、異国の客となることでもある。それはカントが「普遍的歓待」の義務の根拠として述べていた、自分が生きている場所が他者と分有するべき共生の場であることを、実際に再発見することにほかならない。それはまた、レヴィナスの言う歓待における主体の自己疎外であり、彼によれば、主体が不断に自己から疎外されていることが、他者に対する応答可能性そのものとして主体を規定しているのだ。

そうだとすれば、未知の他者を受け容れ、迎え入れるなかで、その他者に応える自分を探るところ以外に、自分と呼べるものの場所はないことになる。歓待と応答のうちにこそ、他ならぬこの自分が見いだされうるのである。さらにこのとき、やって来る客に対して、むしろ自分のほうが客になる。客という他者に、変貌とともに差し出される自分が受け容れられるところでこそ、他ならぬ自分自身の所在が確かめられうるのだ。だからこそ、欧米語で歓待を意味する語の語源をなすラテン語のhospesは、「客」と「主」の両方を意味していたのだろう。歓待とは、他者を前にして主と客の転倒を経験しながら、他ならぬ自分自身を発見する出来事なのである。このあらゆる自己同一性に先立つ根源的な出来事こそが、主権や主体の概念、さらには「主」であることの権能の脱構築をつうじて、他者との共生の出発点に置かれるべきではないだろうか。[59]

第六章　歓待と応答からの共生へ

第一節　肯定としての歓待と応答から

このように、他者と共に生きることをみずからの生の可能性として考察しようとするなら、まず自分自身が根本から問い直されざるをえない。レヴィナスによると、眼の前の他者に対してけっして無関心でありえないことを起点に、自分自身の生を掘り下げるならば、身体的に生きることの根底に、他者に曝され、他者によって動揺させられる「感受性」が見いだされる。そのような「感受性」にもとづいて、けっしてそれ自体として苦しむことのできない他者の苦しみを、あたかも自分のことのように苦しんでしまうという仕方で、他者の「身代わり」にさえなりうるのであり、しかもそのことは意図的に引き起こされることではない。それゆえ、生きるとはつねに「自己に反して」生きることであり、特定の自己をその同一性において保持する以前に、「他者に代わって」、また「他者のために」

生きうるのが「私」なのである。

このような、つねに他者に曝されて傷つきやすい身体的な生のうちにこそ、他者を歓待する可能性が開けている。カントが「永遠平和」を築くための条件として語った「普遍的歓待」の余地は、生の内奥に開かれているのだ。そのように考えるとき、他者を歓待する可能性が、特定のアイデンティティの下で他者を一定の像のうちに閉じ込めて敵視することよりも先立っていることが——ということは、これまでお仕着せのフィルターを通して他者を見ることで、他者と出会い損ねてきたことが——明らかになる。そして、他者の歓待に根源的に開かれた自己への洞察は、「われわれ」と「彼ら」のあいだに一方的に境界を措定し、他者を排除する敵視の政治と、それに内在する暴力とを乗り越える足がかりになるにちがいない。

さて、ここで歓待とは、選ぶことなく出会ってしまう他者を、まさに「他者」であるがままに受け容れる留保なき歓待であり、そのなかで、これまで担ってきたアイデンティティは、根底から動揺させられることになる。いかなる選別もなしに他者を迎え入れるならば、従来他者たちとのあいだを支配してきた関係が宙吊りになり、その関係に依拠した自分が突き崩されるのだ。このとき、今向き合っている特異な他者に応える自分を新たに探らざるをえない。だが、こうして特異な他者の存在を肯定し、それに応答するところにこそ、他ならぬこの自分が見いだされうるのである。そのように、身体的な生がつねに他者に開かれていて、他者への応答において自分自身が見いだされると考えるならば、生きることはそれ自体、他者を歓待し、他者に応答する可能性のうちにあることになる。こうして、歓待と応答の可能性として自分を捉え返す地点からこそ、他者と共に生きることを、自分自身の生の可能性として考えることができるはずである。

したがって、他者との共生の出発点にあるのは留保なき歓待、すなわちいかなる意味においても対価として与えられるのではない、交換のエコノミーの彼方にある歓待である。おそらくはそのような歓待こそが、カントの言う「普遍的歓待」に開かれていよう。そして、この歓待をつうじて、有限な地球の表面を他者との共生の場として再発見することが、他者を排除する暴力によって進展する現在の「グローバリゼーション」を転回させるために、今まさに求められているはずである。デリダによると、この留保なき歓待は、到来する者に対して「ウィ」という肯定の言葉を語るところから始まる。「到来者にはウィと言おうではありませんか。あらゆる限定以前に、あらゆる先取り以前に、あらゆる同定以前に。到来者が異邦人であろうとなかろうと、移民、招待客、不意の訪問者であろうとなかろうと、他国の市民であろうとなかろうと、人間、動物あるいは神的存在であろうとなかろうと、生者であろうと死者であろうと、男であろうと女であろうと、ウィと言おうではありませんか[60]」。

こうした、「人間」という共通項すら自分と共有していない他者たちが予測不可能な仕方でやって来るのに対して、選ぶことなく「ウィ」と言い、そのような他者たちをそれぞれ受け容れること、それは他者の存在をその特異性において肯定することであると同時に、この他者を迎え入れようとする自分を曝し出すことでもある。デリダによれば、この自己表出の瞬間とは、「責任の根源的瞬間」にほかならない[61]。今向き合っている他者の存在を肯定する自分を他者に差し出すとき、この他者に応答する可能性としての責任が引き受けられるのである。つまり、偶然に出会ってしまった他者を見捨てることなく、この他者に応えるという仕方で共に生きる可能性が、自分自身の可能性として選び取られるのだ。真に他者と共に生きることは、他者に応答する可能性としての責任にもとづいてのみ可能であり、その責任を引き受けることが、他ならぬ自分として生きることを可能にするのである。

このようにして引き受けられる他者に対する責任とは、すでに述べたように、植民地主義の暴力が清算されていないばかりか、それが世界的次元で形を変えて行使されている現在の歴史的状況においてはまず、植民地支配と侵略戦争を二度と繰り返さない歴史的責任であり、この歴史的責任を引き受けて初めて、植民地主義の暴力の歴史を中断させて、ポストコロニアルな世界を目指すことができる。しかも、この歴史的責任をみずから担うとき、それを問いかける他者の特異性を肯定すると同時に、これまで引き受けてきた国民的アイデンティティとともに、それを可能にしてきた歴史を問いただし、それを乗り越えようとしているのだ。

それをつうじて、自分が根源的に他者に開かれていることに目覚め、まさに「他者」としての他者に出会い直すことが、歴史的時空間の内部に他者と共に生きる余地を切り開いていくために、そうして植民地主義の暴力を食い止めるために、最初に、また緊急に求められているはずである。そして、ここで他者との共生とは、歓待と応答にもとづいて自分とは非対称で共約不可能な他者と共に生きることであり、それは他者を排除して自分たちが「安全」であることとは峻別される仕方で、他者「と平和でいる」ことにほかならない。

第二節　他者「と平和でいる」こととしての共生へ

他者「と平和でいる」こと、これについてデリダは、レヴィナスの死の翌年に行なった彼を追悼する講演「迎え入れの言葉」において、「平和」そのものへ問いを差し向けながらこう述べている。「平和とは何か。私たちが『平和』と口にするとき何を言っているのだろうか。『……とともに平和のうちにある』とは何を言わんとしているのだろうか。他の誰か、他の集団、他の国家、他の国民、そして一個の他者としての自己自身、などとともに平和のうちにあるとはどういうことか。いずれの場合であれ、平和のうちにあることは、何らかの他者とともにしか可能ではない。他としてあるかぎりでの何らかの他者が、顔の顕現のうちで、すなわち顔の退隠または訪問のうちで、何らかの仕方で『迎え入れられた』ことにならなくては、平和を語ることに意味はない。同じものとともにでは、平和のうちにあることにはならない」[62]。

おそらくは「共生」以上に人口に膾炙し、手垢にまみれているどころか摩滅してさえいる「平和」という語を、デリダはここで、他者はその「顔」においてまさに「他者」として現われるとレヴィナスが述べていることを念頭に置きながら、他者「とともに平和のうちにある」ことと捉え直している。逆に、「同じものとともにでは、平和のうちにあることにはならない」。神話的虚構としての「同類」や「同胞」たち、あるいは「価値観」をはじめ「同じもの」を共有する者たちが「安全」であることは、けっして「平和のうちにある」ことではないのだ。それはむしろ、共有するものを持たない他者たちを排除する暴力を、「安全」の名の下で正当化することであり、それはまた、現在の「グローバリゼーション」の下、差別を剝き出しにしながら「われわれ」と「彼ら」を隔て、富の格差をも拡大する障壁が世界中に張り巡らされていくのを押し進めることでもある。さらに、「われわれ」という「同じもの」たちのための「安全」を振りかざすことは、他者を排除し、人権の彼方に遺棄する暴力が「戦争」という剝き出しの姿で世界に浸透していくのに荷担することにもなりかねない。もしかすると、自分たちの「安全」を振りかざすことによって、自分の心までも、根拠なき恐怖によって戦争状態にしているのではないだろうか。

だとすれば、場合によっては敵でもありうる、自分とはどこまでも異質な他者を、異質なままに受け容れ、そのような他者と共に生きることを「平和」として再考するべきであり、その出発点にあるのが他者の、まさに「他者」としての歓待にほかならない。だからこそデリダは、他者が「何らかの仕方で『迎え入れられた』ことにならなくては、平和を語ることに意味はない」と述べているのである。支配や差別を可能にする一定の他者像のうちに他者自身がけっして回収されえないことを、その脆さとともに露わにする他者の「顔」。そこから眼を背け、他者の特異な存在を否認するのではなく、むしろ他者の「顔」に向き合い、自分とは非対称で共約不可能な他者を、そのような他者であるがままに迎え入れるところから、他者「と平和でいる」こととしての「平和」は、つねに新たに築かれなければならない。

そして、他者をこうして歓待するとき、この他者をけっして見捨てない、応答可能性としての責任が生じるのであり、根源的に他者に対して無関心でいられない自分自身の感受性にもとづいてこの応答可能性を引き受けるならば、他者と応え合う空間が今ここに切り開かれるはずである。それをつうじて、地球の有限な表面を他者との共生の場として見つめ直し、他者「と平和でいる」関係を築くとのみが、「グローバリゼーション」の下で今なお形を変えながら継続している暴力の歴史を中断させうるにちがいない。歓待と応答にもとづいて他者と共に生きるとは、他者「と平和でいる」ことにほかならず、その可能性を身体的な生の傷つきやすさにもとづいて考えるとは、この暴力の歴史の彼方を、「平和」として希望することにほかならない。

註

1 花崎皐平は、このような懸念を次のように表明している。「八〇年代の中頃からだと記憶するが、言論界、広告情報界に「共生」ブームが起こり、キャッチフレーズとしての『共生』の氾濫が生じ、今も続いている。それは、自然との共生、多文化共生、アジアとの共生といった課題が広く世の中に浸透しつつあった状況への敏感な反応と言えるだろう。しかしそのブームは、商品に美的な陰影を加えるイメージとしての『共生』を流通させることであって、共生が含みもつ共苦の側面、現実の矛盾としての現場での格闘を切り離す作用を伴っていた。また、日本社会は『共生』を倫理として実現する方向とは逆の方向へ歩みを進め、不正義と腐朽の様相を深めている」(花崎皐平『〈共生〉への触発——脱植民地化・多文化・倫理をめぐって』みすず書房、二〇〇二年、一三二頁)。「共生社会」の言葉とは裏腹に、日本で自殺に追いやられる人々が毎年三万人を越えている〔二〇〇九年現在〕ことを一つ顧みるだけでも、この指摘は正鵠を射ていると言わざるをえない。

2 レヴィナスは『全体性と無限』において、それぞれ「他」であるものを「同」に還元しつつ戦争において姿を現わす「存在」の「全体性」の彼方を指し示す、「無限」としての「他者」の「顔（visage）」を、「私のうちにある他者の観念を凌駕して他者が現前するその仕方」と規定している。Emmanuel Lévinas, *Totalité et infini: Essai sur l'extériorité*, Den Haag: Martinus Nijhoff, 1971, p. 43. 日本語訳は、エマニュエル・レヴィナス『全体性と無限（上）』熊野純彦訳、岩波書店、二〇〇五年、八〇頁。

3 レヴィナスによると、「顔」の顕現は「高みから到来し、予見不可能」である。É. Lévinas, *op. cit.*, p. 62. 前掲訳書、一一七頁。

4 こうした経緯をいち早く明らかにしたのがサイードの『オリエンタリズム』にほかならない。彼が「オリエンタリズム」として描き出しているのは、「理性的」であることを基準に「人間性」を捉える「西洋」の視点から、「東洋」の人々を一括して、理性的思考力を欠いた、それゆえ自分たちより劣った「非人間」として把握し、みずからの植民地支配を正当化する「西洋」の思考様式なのだ。この「オリエンタリズム」が、「西洋」と「東洋」という観念自体を産み出し、両者の区別を固定し、「西洋人」の思考をも束縛するのであり、その意味でも「オリエンタリズム」は、サイードに言わせれば、むしろ「非人間的」なのである。Cf. Edward W. Said, *Orientalism*, New York: Vintage, 1979, pp. 2–49. 日本語訳は、エドワード・W・サイード『オリエンタリズム（上）』今沢紀子訳、平凡社、二〇〇二年、二〇頁以下。

5 英語でsymbiosisと表現される「共棲」とは、生態系の閉じたシステムのなかでの生物の共存のことであり、それをモデルに「共生」を構想することは、「自然界の調和」をモデルとしたハーモニーの理想には容易に結びつくものの、結局は排他的なシステムを自然なものとして称揚することに終わることを指摘したうえで、「異質なものに開かれた社会的結合様式」としての「共生」——これは英語でconvivialityと表現される——を、不協和音を含んだものとして提起しようとする議論として、以下を参照。井上達夫、名和田是彦、桂木隆夫『共生への冒険』毎日新聞社、一九九二年、二四頁以下。

6 このような「多文化主義」の批判を展開している論考として、以下を参照。Werner Hamacher, *Heter-*

autonomien: One 2 Many Multiculturalisms, Berlin: Diaphanes, 2009. 日本語訳は、ヴェルナー・ハーマッハー『他自律――多文化主義批判のために』増田靖彦訳、月曜社、二〇〇七年。ハーマッハーによれば、あらゆる文化的特殊性を乗り越えた普遍的な立場から文化の多様性を尊重すると自称する「多文化主義」は、「文化が歴史的かつ構造的に複数形においてのみ可能である」（前掲訳書、五八頁）ことのみならず、「多文化」を語る特権を有しているのが「ヨーロッパ＝北アメリカ」（六五頁）の立場であることも忘却しており、それゆえ「多文化主義」は「依然として植民地化の効果を伴った概念であり得るのだ」（六六頁）。

7　他者がその死に曝されている剝き出しの姿を示す「顔」についてレヴィナスは、それは「あなたは殺してはならない」という「最初の言葉」（E. Lévinas, *op. cit.*, p. 217）だと述べているが、私はその言葉を逃れることはできない。私は他者の呼びかけによって捕らえられ、他動詞的に「非暴力的な仕方で動かされる」（p. 43）のである。このような「顔」の発する言葉の力について示唆的な議論として、以下を参照。港道隆『レヴィナス――法-外な思想』講談社、一九九七年、一三六頁以下。

8　「顔において他者が現前することは優れて非暴力的な出来事である。私の自由を傷つけるのではなく、私の自由を責任へと呼び戻し、むしろそれを創設するのだ」（E. Lévinas, *op. cit.*, p. 222）。レヴィナスによれば、他者からの呼びかけは、私の責任を呼び覚まし、そうして私を初めて自由にする。そして、そもそも「責任（responsabilité）」とは、その呼びかけに対する「応答可能性（responsabilité）」にほかならない。他者に対する「応答可能性」においてこそ私は自由であり、私は他ならぬ自分として生きることができる。本論考は「責任」をそのような「応答可能性」と考え、それにもとづく「共生」のありようを模索するものである。なお、「責任」を「応答可能性」から捉え返す議論として、以下も参照。高橋哲哉『戦後責任論』講談社、一九九九年、二三頁以下。

9　他者「と平和でいる」ないし他者と共に平和に生きることを、「安全」であることから峻別しようとする議論として、以下を参照。鵜飼哲『応答する力――来るべき言葉たちへ』青土社、二〇〇三年、四六頁以下。

10　脱領域的な時空間の圧縮としての「グローバリゼーション」の進展について見通しを与えてくれるものとして、

以下を参照。小林誠「グローバリゼーション」、西川長夫他編『グローバル化を読み解く88のキーワード』平凡社、二〇〇三年、八三頁。

11　Immanuel Kant, »Zum ewigen Frieden: Ein philosophischer Entwurf«, in: *Werke* Bd. VI: *Schriften zur Anthopologie, Geschichtsphilosophie, Politik und Pädagogik*, Darmstadt: Wissenschaftliche Buchgesellschaft, 1983, S. 213. 日本語訳は、イマヌエル・カント『永遠平和のために／啓蒙とは何か他三篇』中山元訳、光文社、二〇〇六年、一八五頁。

12　I. Kant, *op. cit.*, S. 214. 前掲訳書、同所。

13　カント『永遠平和のために』の第三確定条項をこのように一つの定言的命法と捉える解釈に関して、以下の議論を参照。鵜飼哲『抵抗への招待』みすず書房、一九九七年、三二二頁以下。

14　I. Kant, *op. cit.*, S. 214. 前掲訳書、一八五頁以下。

15　このように「グローバリゼーション」を捉え返す見方は、以下のような鵜飼哲の指摘にもとづいている。「カントがこの文章を書いてから二百年後の私たちの時代こそは、地球が丸いがゆえに誰もが他の者以上に今現在いる場所に対する権利を持ってはいないことが、単に思考されるばかりか、日常生活のなかで、社会のレベル（「路上生活者」に対し）でも、国家のレベル（「外国人」に対し）でも、つねに、いよいよ切迫して感じられるようにもなった時代なのではないだろうか。それこそが、『グローバリゼーション』(globalization)、すなわち『球(globe)になること』ということの、第一の意味と考えられるべきなのではないだろうか」（鵜飼哲『主権のかなたで』岩波書店、二〇〇八年、一三頁）。歓待を出発点に他者とともに生きる可能性を模索しようとする本論考の基本的な構想に関しても、鵜飼哲の議論に負うところが大きい。

16　I. Kant, *op. cit.*, S. 214. 前掲訳書、一八六頁。

17　カントは『永遠平和のために』の末尾で、一時的な「平和条約」ではない「永遠平和」は「空虚な理念ではなく、課題（Aufgabe）である」と述べている。I. Kant, *op. cit.*, S. 251. 前掲訳書、二五三頁。

18　この点について、地球の表面を他者と分有されるべき有限な球面として見いだすことで「各人は、すでにその出身国において非固有化される」のであり、そうして各人が「外国人」になることにもとづいて「世界市民」が措定されるという、以下の論考の議論を参照。鵜飼哲『抵抗への招待』、三二六頁。

19　このような脱領域化のなかの再領域化について、小林誠「グローバリゼーション」、前掲『グローバル化を読み解く88のキーワード』、八三頁以下参照。

20　「ポスト・モダン的帝国の社会」において、ゲイティッド・コミュニティが代表するような公共空間の「私有化」が押し進められ、それとともに人々が分断され、他者との予期せぬ出会いが制限されるようになることについて、以下を参照。Antonio Negri & Michael Hardt, *Empire*, Cambridge: Harvard University Press, 2000, pp. 187–188. 日本語訳は、アントニオ・ネグリ、マイケル・ハート『〈帝国〉――グローバル化の世界秩序とマルチチュードの可能性』水嶋一憲他訳、以文社、二〇〇三年、二四三頁以下。

21　Cf. Carl Schmitt, *Der Begriff des Politischen*, München: Duncker und Humboldt, 1932. 日本語訳は、カール・シュミット『政治的なものの概念』田中浩、原田武雄訳、未來社、一九九九年。

22　「グローバリゼーション」の進行する世界を統治するのは、脱領土的な「ネットワーク型」の権力であり、その権力が人々を身体的規律によってのみならず、頭脳からも支配する「管理社会」を現出させるという視点に関しては、以下を参照。A. Negri & M. Hardt, *op. cit.*, pp. 23–25. 前掲訳書、四〇頁以下。また、「安全」への関心の下での他者に対する恐怖の病的な無根拠性については、以下の議論を参照。酒井隆史『暴力の哲学』河出書房新社、二〇〇四年、一〇六頁以下。さらに、他者に対する根拠なき恐怖の下で、「安全」の概念そのものが、まさに権力の利害に沿ったかたちで「治安」の意味へ縮減されていることについては、以下の議論を参照。萱野稔人『権力の読み方――状況と理論』青土社、二〇〇七年、八四頁以下。

23　「テロリズム」という語はロベスピエール以来、敵対勢力の大規模な粛清などの直接的暴力を手段とし、その恐怖を民衆に浸透させることによって政治的目的を貫徹させる、いわゆる「恐怖政治」について――肯定的にも否定的にも――用いられてきたが、鵜飼哲によると、最近この語は、児童虐待が「テロリズム」と呼ばれることが示すように、最悪の犯罪を指す言葉として用いられている。また、この「テロリズム」を奉じる者という意味のはずの「テロリスト」という語も最近、もはやその人権を考慮する余地さえない「非人間的」犯罪者を名指す言葉として濫用されているという。鵜飼哲『主権のかなたで』、二二五頁以下参照。

24 「生=権力（bio-pouvior）」については、以下を参照。Michel Foucault, *Histoire de la sexualité*, tome 1: *La volonté de savoir*, Paris: Gallimard, 1994. 日本語訳は、ミシェル・フーコー『性の歴史第一巻——知への意志』渡辺守章訳、新潮社、一九九〇年。引用は日本語訳一七五頁より。

25 アメリカ合州国とその同盟諸国が進める「テロとの戦争（war on terror）」が、こうして「異物」を抹殺することの上に新たな「安全保障」の秩序を打ち立てようとするものであり、そのことを正当化するために「テロル」を「省略」した「テロ」という語が造語されていることを指摘する論考として、以下を参照。西谷修『「テロとの戦争」とは何か——九・一一以後の世界』以文社、二〇〇二年、八三頁以下。

26 西谷修、前掲書、三〇頁以下参照。「テロとの戦争」が世界内戦として恒常化し、遍在化している現在の状況についての記述は、西谷修の議論に負うところが大きい。

27 このような視点を示すものとして、再び西谷修の議論を参照。西谷修、前掲書、三七頁以下。

28 「グローバリゼーション」の時代における「植民地なき植民地主義」としての植民地主義について、以下の議論を参照。西川長夫『〈新〉植民地主義論——グローバル化時代の植民地主義を問う』平凡社、二〇〇六年、五頁以下。

29 Cf. Saskia Sassen, *The Global City: New York, London, Tokyo*, Princeton: Princeton University Press, 1992. 日本語訳は、サスキア・サッセン『グローバル・シティ——ニューヨーク・ロンドン・東京から世界を読む』伊豫谷登士翁他訳、筑摩書房、二〇〇八年。「グローバル・シティ」については、再び西川長夫の議論も参照。西川長夫、前掲書、五三頁以下。

30 今日の新たなレイシズムについて、以下の論考を参照。Michel Wieviorka, *La racisme: Une introduction*, Paris: La Decouverte, 1998. 日本語訳は、ミシェル・ヴィヴィオルカ『レイシズムの変貌——グローバル化がまねいた社会の人種化、文化の断片化』森千香子訳、明石書店、二〇〇七年。

31　本橋哲也は、「ポストコロニアリズム」の「ポスト」という接頭辞には「植民地主義による支配の構図を反省し、反転し、反抗するという意図」が込められていると述べている。本橋哲也『ポストコロニアリズム』岩波書店、二〇〇五年、XI頁。

32　酒井直樹によると、「ポストコロニアル」の「ポスト」という接頭辞は、「ポスト・ファクトゥム」ということを意味しており、「それは『後の祭』という意味での、『取り返しがつかない』あるいは回復不能な(irredeemable)事態に於ける『ポスト』である」。酒井直樹『日本／映像／米国――共感の共同体と帝国的国民主義』青土社、二〇〇七年、二九四頁。

33　第二次世界大戦敗戦までの日本の植民地主義的近代化を支えた日本人の「植民地的無意識」と「植民地主義的意識」が敗戦後も克服されず、「経済援助」の名の下での新植民地主義をアメリカ合州国の力を背景に押し進めていくなかで、植民地侵略と支配の責任も隠蔽されていったことを指摘する論考として、以下を参照。小森陽一『ポストコロニアル』岩波書店、二〇〇一年。

34　「植民地主義の歴史は日本人という同一性に『とりかえしがつかない』仕方で刻印されており、ひとが日本人であることのなかに植民地主義者であったことが本質的に含まれてしまっており、それは、日本人という同一性を構成するかけがえのない歴史であって、この植民地主義の歴史の現存こそが、ポストコロニアルなのである」(酒井直樹、前掲書、二九五頁)。

35　「戦後責任」という用語は、先に挙げた高橋哲哉の『戦後責任論』にもとづいている。とくにその一八頁以下参照。

36　このことを「過去への連累」という概念を用いて説明しているものとして、以下を参照。テッサ・モーリス＝スズキ『過去は死なない――メディア・記憶・歴史』田代泰子訳、岩波書店、二〇〇四年。「今生きているわたしたちをすっぽり包んでいるこの構造、制度、概念の網は、過去における想像力、勇気、寛容、貪欲、残虐行為によってかたちづくられた、歴史の産物である。こうした構造や概念がどのようにしてできあがったのかはほとんど意識されない。しかし、わたしたちの生は過去の暴力行為の上に築かれた抑圧的な制度によって今もかたちづくられ、それを変えるためにわたしたちが行動を起こさないかぎり、将来もかたちづくられつづける。

過去の侵略行為を支えた偏見も現在に生きつづけており、それを排除するために積極的な行動にでないかぎり、現在の世代の心のなかにしっかりと居すわりつづける。そうした侵略行為をひきおこしたという意味ではわたしたちに責任はないかもしれないが、そのおかげで今のわたしたちがこうしてあるという意味では《連累》している」(同書、三二二頁以下)。

37 元「従軍慰安婦」の証言の嚆矢となったのは、一九九一年に韓国の元「慰安婦」金学順《キムハクスン》が、自分が「慰安婦」だったことを公的に告白し、「慰安婦」制度の暴力を告発して、日本の裁判所にその損害賠償を求める訴訟を起こしたことであった。この点について以下を参照。吉見義明『従軍慰安婦』岩波書店、一九九五年。

38 このような証人の唯一性について、以下を参照。高橋哲哉『記憶のエチカ――戦争・哲学・アウシュヴィッツ』岩波書店、一九九五年、一四四頁以下。本橋哲也、前掲書、二〇九頁以下。

39 軍人による性暴力の現在については、以下を参照。東琢磨編『広島で性暴力を考える――責められるべきは誰なのか? 性・家族・国家』ひろしま女性学研究所、二〇〇九年。

40 元「従軍慰安婦」の証言に触れながら証言のこのような力に触れたものとして、以下を参照。岩崎稔「虚偽の記憶と真正性――「ヴィルコミルスキー事件」『少年H』、そして『母の遺したもの』についての一試論」、冨山一郎編『歴史の描き方3――記憶が語り始める』東京大学出版会、二〇〇六年。

41 このような「戦後責任」における普遍的な記憶の責任と、「日本人」として引き受けるべき責任の区別について、以下を参照。高橋哲哉『戦後責任論』、三三三頁以下。

42 この点に関して、酒井直樹の議論を参照。前掲書、二九三頁以下。また、彼が別の著書で次のようにも述べていることにも注意しておきたい。「ただし、歴史的責任を引き受けるということは、過去に国民、人種、あるいは民族が集団として侵した犯罪をただちに個人の罪責として、自らが有罪であることを認めることではない、という点は留意しておこう。歴史的責任を負うということは罪を引き受けることではなく、何よりも個人としての応答の義務を引き受けることであり、応答の発話行為の主体としてそれらの集団への自己画定をとりあえずおこなうことなのである」(酒井直樹『希望と憲法――日本国憲法の発話主体と応答』以文社、二〇〇八年、三五頁）。

43 「つまり、私はたまたま日本の土地に生を受け、日本国籍をもち、日本国家によって保護されてきた人間であるにもかかわらず、組織的犯罪としての従軍慰安婦制度に荷担した当時の日本人を支持することは決してしないし、私は積極的に彼らを弾劾する。である以上、私は、嫌疑を受けた者として正当な権利を保証されたうえで彼らが裁判され処罰されるように努力し、彼らの犯罪を隠蔽する人間とは友好関係をもとうとは思わないし、同じ民族、同じ国民だからといって、私が彼らと共犯関係をもたなければならない理由は全くない、と公的に示すべきだろう」（酒井直樹『日本／映像／米国』、三〇〇頁）。

44 「詰問する者と詰問される私が、両者ともに国民や民族といった立場ではない別の関係に移行しうるときにのみ、私たちは歴史的責任を正面から直視することができる。歴史的責任は、私を民族・国民的なアイデンティティから解放してくれるのである。歴史的責任は、だから、未来へ向かっての変革の仕事とかかわっているのである」（酒井直樹『希望と憲法』、三六頁）。

45 レヴィナスは、自我の「唯一性における自己の外、自己との差異」が「無関心＝ならざること（non-indifférence）」だと述べている。それは自我が根本的に「自己に休らうことも自己と合致することもできない」こと、すなわち自己同一性における存在の彼方にあることを示しているのだ。É. Lévinas, *Autrement qu'être ou au-delà de l'essence*, Den Haag: Martinus Nijhoff, 1978, p. 21. 日本語訳は、E・レヴィナス『存在の彼方へ』合田正人訳、講談社、一九九九年、三四頁。

46 *Ibid.*, p. 86. 前掲訳書、一三一頁。

47 「主体性は感受性（sensibilité）であり、他者たちへの近さゆえの可傷性（vulnérabilité）と責任であり、他者のために身代わりになる一者、言い換えるなら意味することである」。*Ibid.*, p. 124. 前掲訳書、一二四頁。

48 このような「可傷性」の捉え方について、以下の解釈を参照。港道隆『レヴィナス』、一三二頁以下。

49 傷つきやすさにもとづいて共生の可能性を探る議論として、以下も重要である。花崎皐平『［増補］アイデンティティと共生の哲学』平凡社、二〇〇一年、三五二頁以下。

50 レヴィナスは、他者との「接触」を「近さ」と表現したうえで、こう述べている。「接触すること、それは他者を包囲して他者の他性を廃棄することでも、他人のうちに自分を消失させることでもない。接触のただなかで、触れるものと触れられるものは分離される。あたかもこの触れられるものが、すでに他なるものと化して絶えず遠ざかっていくかのようであり、それは私と何も共有しない」。É. Lévinas, *op. cit.*, p. 137. 前掲訳書、二〇七頁。

51 「顔」が「他者自身の痕跡」ないし「無限者の痕跡」であることについては、以下を参照。*Ibid.*, p. 145. 前掲訳書、二一八頁。

52 レヴィナスによれば、「主体性」とはその「可傷性」としての「感受性」において、「他者のために身代わりになる一者（l'un-pour-l'autre）」である。*Ibid.*, p. 29. 前掲訳書、四七頁。

53 実際、レヴィナスはこう述べている。「身代わり（substitution）は、主体の主体性そのものであるような身代わりとして、存在することの不可逆的同一性を中断するのだ。身代わりという責務の重荷は、逃走の余地を与えることなく私に課せられ、こうしてのみ私の唯一性は意味をもつ。つまり、自我なるものではなく、他ならぬこの私が問題になるのだ」（l. c.）。前掲訳書、四七頁以下。

54 *Ibid.*, p. 126. 前掲訳書、一九一頁。

55 この点について、シェレールの『歓待のユートピア』を参照。René Schérer, *Zeus hospitalier*, Paris: Armand Colin, 1993. 日本語訳は、ルネ・シェレール『歓待のユートピア——歓待神礼賛』安川慶治訳、現代企画室、一九九九年。「招くとか招かれるとかいう場合、迎える者の先取り的な行為が想定されているが、客＝『招かれる者』となるのに事前の招きは不要である。不意にやってきて、そこに現れ、そこにいるだけでよい。いや、招かれてなどおらず、出し抜けにやって来ること、未知の人であることが必要なのだ」（日本語訳、一四〇頁）。

56 「歓待（hospitalité/Hospitalität/hospitality）」の語源に関しても、シェレールの『歓待のユートピア』（とくに日本語訳の一四〇頁以下）を参照。また、以下のバンヴェニストの言語学的分析も参照。Émile Benveniste, *Le vocabulaire des institutions indo-européennes: I. Economie, parenté, société*, Paris: Minuit, 1969. 日本語訳は、エミール・バンヴェニスト『インド＝ヨーロッパ諸制度語彙集Ⅰ——経済・親族・社会』前田耕作監修、蔵持不

三也他訳、言叢社、一九八三年、八〇頁以下。

57 「それでは、主権を主権たらしめるものは何か。／それは端的に言って『客』を迎える機能である。主権とは、まず、『客』に対して『主』であることなのだ。ある場所に他者より先にいたというただそれだけのことによっては、『客』に対する『主』になることはできない。『初めに』歓待があった。この命題をさらに押し進め、おそらくこう考える必要があるだろう。ある場所、ある家の『主』は、彼自身が、その場所、その家の最初の『客』である。そのことが、彼に、『客』を迎える能力を授ける。この『起源』の歓待は、自己のあらゆる自由に先立ち、自己を自己たらしめる出来事である」（鵜飼哲『主権のかなたで』、一四頁以下）。

58 「客がもたらすもの、それは無である。しかし、それは〈すべて〉であるような無なのだ。というのも、ひとりひとりにとって本質的なこと、それは自己への同一化においてあることではなく、他者（一般に父のイメージ）への同一化においてあることでもなく――それは結局同じことだ――、つねに他者への生成であるような――そしてドゥルーズが書いているように、子供への生成、動物への生成、識別不可能なものへの生成であるような――生成なのだから」（R・シェレール『歓待のユートピア』、日本語訳二一四頁）。

59 ここで念頭に置いているのは、以下のような鵜飼哲の言葉である。「歓待の思考は、こうした社会的現実を見据えつつ、歓待の実践を阻む主権の論理を、単に理念に照らして批判するだけでなく、実効的に脱構築するという課題に応答しなければならない。その作業は、この場面における感謝すべき者の位置の転換を引き起こさずにはいないだろう。『客』ではなく『主』こそが、『客』に対し、来てくれたことを、来ることによっておのれが最初の『客』であったことを想起させてくれたことを、そのようにして、まず彼自身を拘束している『主権』の軛から脱する機会を与えてくれたことを感謝するような転換へ導かずにはいないだろう。歓待の思考が呼び求めるのは、文字通りの『主客転倒』による、このような、恐るべき価値転換にほかならない」（『主権のかなたで』、一六頁以下）。

60 Jacques Derrida et Anne Dufourmantelle, *De l'hospitalité*, Paris: Calmann-Lévy, 1997. 日本語訳は、ジャック・デリダ、アンヌ・デュフルマンテル『歓待について――パリのゼミナールの記録』廣瀬浩司訳、産業図書、

一九九九年。引用は、日本語訳九八頁より。

61 Jacques Derrida, *Donner la mort*, Paris: Galilée, 1999, p. 102. 日本語訳は、J・デリダ『死を与える』廣瀬浩司、林好雄訳、筑摩書房、二〇〇四年、一四八頁。このなかでデリダは、「私は他の者を犠牲にすることなくもう一方の者（あるいは一者）、すなわち他者に応えることはできない」（p. 101）という、責任それ自体の「絶対的犠牲」の構造を論じているが、今その点に深く立ち入ることはできない。何よりも重要なのは、特定の犠牲をけっして美化ないし聖化しないことであろう。この点については、以下の論考を参照。高橋哲哉『国家と犠牲』日本放送出版協会、二〇〇五年。

62 Jacques Derrida, *Adieu: à Emmanuel Lévinas*, Paris: Galilée, 1997. 日本語訳は、J・デリダ『アデュー』藤本一勇訳、岩波書店、二〇〇四年。引用は、日本語訳一三〇頁より。

参照文献一覧

Émile Benveniste, *Le vocabulaire des institutions indo-européennes: I. Economie, parenté, société*, Paris: Minuit, 1969. 日本語訳：エミール・バンヴェニスト『インド＝ヨーロッパ諸制度語彙集I――経済・親族・社会』前田耕作監修、蔵持不三也他訳、言叢社、一九八八年。

Jacques Derrida, *Adieu: à Emmanuel Lévinas*, Paris: Galilée, 1997. 日本語訳：ジャック・デリダ『アデュー』藤本一勇訳、岩波書店、二〇〇四年。

――――, *Donner la mort*, Paris: Galilée, 1999. 日本語訳：J・デリダ『死を与える』廣瀬浩司、林好雄訳、筑摩書房、二〇〇四年。

Jacques Derrida et Anne Dufourmantelle, *De l'hospitalité*, Paris: Calmann-Lévy, 1997. 日本語訳：ジャック・デリダ、アンヌ・デュフルーヌマンテル『歓待について――パリのゼミナールの記録』廣瀬浩司訳、産業図書、一九九九年。

Michel Foucault, *Histoire de la sexualité*, tome 1: *La volonté de savoir*, Paris: Gallimard, 1994. 日本語訳：ミシェル・

フーコー『性の歴史第一巻——知への意志』渡辺守章訳、新潮社、一九九九年。

Werner Hamacher, *Heterautonomien: One 2 Many Multiculturalisms*, Berlin: Diaphanes, 2009. 日本語訳：ヴェルナー・ハーマッハー『他自律——多文化主義批判のために』増田靖彦訳、月曜社、二〇〇七年。

花崎皋平『[増補]アイデンティティと共生の哲学』平凡社、二〇〇一年。

——『〈共生〉への触発——脱植民地化・多文化・倫理をめぐって』みすず書房、二〇〇二年。

東琢磨編『広島で性暴力を考える——責められるべきは誰なのか？ 性・家族・国家』ひろしま女性学研究所、二〇〇九年。

井上達夫、名和田是彦、桂木隆夫『共生への冒険』毎日新聞社、一九九二年。

岩崎稔「虚偽の記憶と真正性——「ヴィルコミルスキー事件」『少年H』、そして『母の遺したもの』についての一試論」、冨山一郎編『歴史の描き方3——記憶が語り始める』東京大学出版会、二〇〇六年。

Immanuel Kant, »Zum ewigen Frieden: Ein philosophischer Entwurf«, in: *Werke* Bd. VI: *Schriften zur Anthropologie, Geschichtsphilosophie, Politik und Pädagogik*, Darmstadt: Wissenschaftliche Buchgesellschaft, 1983. 日本語訳：イマヌエル・カント『永遠平和のために／啓蒙とは何か他三篇』中山元訳、光文社、二〇〇六年。

萱野稔人『権力の読み方——状況と理論』青土社、二〇〇七年。

小林誠「グローバリゼーション」、西川長夫他編『グローバル化を読み解く88のキーワード』平凡社、二〇〇三年。

小森陽一『ポストコロニアル』岩波書店、二〇〇一年。

Emmanuel Lévinas, *Totalité et infini: Essai sur l'extériorité*, Den Haag: Martinus Nijhoff, 1971. 日本語訳：エマニュエル・レヴィナス『全体性と無限（全二巻）』熊野純彦訳、岩波書店、二〇〇五年。

——, *Autrement qu'être ou au-delà de l'essence*, Den Haag: Martinus Nijhoff, 1978. 日本語訳：E・レヴィナス『存在の彼方へ』合田正人訳、講談社、一九九九年。

港道隆『レヴィナス——法-外な思想』講談社、一九九七年。

本橋哲也『ポストコロニアリズム』岩波書店、二〇〇五年。

Antonio Negri & Michael Hardt, *Empire,* Cambridge: Harvard University Press, 2000. 日本語訳：アントニオ・ネグリ、マイケル・ハート『〈帝国〉——グローバル化の世界秩序とマルチチュードの可能性』水嶋一憲他訳、以文社、二〇〇三年。

西川長夫『〈新〉植民地主義論——グローバル化時代の植民地主義を問う』平凡社、二〇〇六年。

西谷修『「テロとの戦争」とは何か——九・一一以後の世界』以文社、二〇〇二年。

酒井直樹『日本／映像／米国——共感の共同体と帝国的国民主義』青土社、二〇〇七年。

——『希望と憲法——日本国憲法の発話主体と応答』以文社、二〇〇八年。

酒井隆史『暴力の哲学』河出書房新社、二〇〇四年。

Edward W. Said, *Orientalism,* New York: Vintage, 1979. 日本語訳：エドワード・W・サイード『オリエンタリズム（全二巻）』今沢紀子訳、平凡社、二〇〇二年。

Saskia Sassen, *The Global City: New York, London, Tokyo*, Princeton: Princeton University Press, 1992. 日本語訳：サスキア・サッセン『グローバル・シティ——ニューヨーク・ロンドン・東京から世界を読む』伊豫谷登士翁他訳、筑摩書房、二〇〇八年。

René Schérer, *Zeus hospitalier,* Paris: Armand Colin, 1993. 日本語訳：ルネ・シェレール『歓待のユートピア——歓待神礼賛』安川慶治訳、現代企画室、一九九九年。

Carl Schmitt, *Der Begriff des Politischen,* München: Duncker und Humboldt, 1932. 日本語訳：カール・シュミット『政治的なものの概念』田中浩、原田武雄訳、未來社、一九九九年。

テッサ・モーリス＝スズキ『過去は死なない——メディア・記憶・歴史』田代泰子訳、岩波書店、二〇〇四年。

高橋哲哉『記憶のエチカ——戦争・哲学・アウシュヴィッツ』岩波書店、一九九五年。

——『戦後責任論』講談社、一九九九年。

——『国家と犠牲』日本放送出版協会、二〇〇五年。

鵜飼哲『抵抗への招待』みすず書房、一九九七年。

——『応答する力——来るべき言葉たちへ』青土社、二〇〇三年。

——『主権のかなたで』岩波書店、二〇〇八年。

Michel Wieviorka, *La racisme: Une introduction*, Paris: La Decouverte, 1998. 日本語訳：ミシェル・ヴィヴィオルカ『レイシズムの変貌——グローバル化がまねいた社会の人種化、文化の断片化』森千香子訳、明石書店、二〇〇七年。

吉見義明『従軍慰安婦』岩波書店、一九九五年。

追記

本稿は、広島市立大学国際学部叢書の第二巻として刊行された、広島市立大学国際学部国際社会研究会編『多文化・共生・グローバル化——普遍化と多様化のはざま』（ミネルヴァ書房、二〇一〇年）の第五章に収められた論文「他者との来たるべき共生へ向けた哲学的試論——歓待と応答からの共生」の基になった原稿である。この論文集に収録されたのは、それを縮約し、上記のように表題を変更したものであった。本書収録に際し、原稿の一部の字句を修正した。その内容は、他者とともに生きることを、またそのなかに実現されるべき平和を、他者の歓待と他者への応答という根本的な前提から再考するとともに、歴史の刻印された、同時に世界に開かれた今ここで他者とともに生きる可能性を追求するものであるが、これは同時に、拙著『共生を哲学する——他者と共に生きるために』（ひろしま女性学研究所、二〇一〇年）に記した内容を理論的に深化させるものとも言える。

残傷の分有としての継承

――今ここで被爆の記憶を受け継ぐために――

過ぎ去ったことを歴史としてはっきりと言い表わすとは、これを「もともとあったとおりに」認識することではない。それは、危機の瞬間に閃くままに一つの回想を捕らえることをいう。歴史的唯物論にとって重要なのは、危機の瞬間に思いがけず立ち現われてくる、そのような過去の像をしかと留めておくことなのだ。危険は、伝統の存立とその継承者の双方を脅かしており、その危険は両者にとってまったく同一である。すなわち、支配階級の道具になってしまう危険である。

ヴァルター・ベンヤミン「歴史の概念について」

I

広島と長崎の上空で原子爆弾が炸裂してから七十年が経とうとしている。七十年という歳月。人の一生涯の時間にも近いこの歳月のなかで、爆風と熱線による都市の壊滅を、そして放射能による生命の根幹の破壊を潜り抜けて生き存えてきた人々も、一人また一人と世を去っている。あの日に遭ったことを自分自身の経験として語ることができる人は、日一日と稀になりつつある。七十年という節目は、このことを突きつけるものとして受け止められなければならない。原爆とは何かを体験者からじかに聴くことができなくなる日が、確実に近づきつつあるのだ。そのような差し迫った状況において何よりもまず求められるのは、被爆の記憶を継承するとはどういうことかを、原爆を体験しなかった者がみずから問うことであろう。

例えば、被爆の証言を聴くことをつうじて原爆を記憶するとは、いったいどういうことだろうか。[1]こうした問いは、今まで広く共有されてきたとは言いがたいように見える。広島の現在に関して言えば、「被爆体験の継承」は、どちらかと言うと、原爆をみずから体験した「語り部」に、あるいはその語りの「伝承者」に託されていて、「継承」が「語り部」や「伝承者」の語りを聴く側の課題として議論される場面は多くはない。あるいは、平和記念資料館の展示をめぐって、「被爆の実相」を伝えることを「実物資料」に委ねようという議論も聞こえてくる。[2]原爆のために亡くなった人の遺品であれ、爆風と熱線の凄まじさを物語る遺物であれ、そうした「実物」に向き合うことをつうじて原爆を記憶するとはどういうことかを問うことなく、思考停止に陥るなら、そこに沈澱した記憶は忘れ去られ、いわゆる「記憶の風化」が進むだけだろう。

被爆の記憶を継承するとはどういうことか。この問いが、被爆から七十年が経とうとする今こそ、原爆を体験しなかった者の側から提起される必要がある。もちろん、この問いに取り組むことはけっして生易しいことではない。だが、それでもなお、非体験者がこの問いをみずから引き受け、被爆の記憶の継承を、死者を含めた他者とともに生きていくこと自体に関わる課題とすることがなければ、いわゆる平和行政の側からしばしば言われてきた「被爆体験の継承」も、空虚なスローガンとならざるをえない。それとともに、原爆の記憶は確実に薄れていくだろう。その記憶は、一定の機会に一定の形式で物語られることはあっても、語る主体を越えて分かち合われることはなく、やがて忘却の淵へ押し流されていくにちがいない。

言うまでもなく、こうして原爆が忘却されていく過程はつとに始まっている。そのなかで、死者の尊厳が踏みにじられるかたちで、かつて原爆に遭った人々が被った、そして現在も被っている暴力――無差別殺戮の暴力、放射性物質を撒き散らし、生命の根幹を破壊する暴力、「被爆者」を選別する法の暴力など――が形を変えて繰り返され、今やそれは広島と長崎の被爆を忘れつつある者にも及ぼうとしている。ヴァルター・ベンヤミンがその遺稿「歴史の概念について」のなかで述べているように、敵が勝ち続けるなかで「死者たちさえも安全ではない」。しかも、そのような状況が続くなか、彼が別の場所で語った、人類が「自分自身の滅亡を第一級の美的享楽として体験しようという段階」も近づきつつあるのだ[3]。

ベンヤミンはこのような段階を、「複製技術時代の芸術作品」において、「政治の耽美主義化」の帰結と規定している。戦争までも消費の対象としてのスペクタクルと化す「政治の耽美主義化」、それは自律的な思考の欠落と表裏一体である。そして、情報通信技術の浸透とともに、人間は脳髄から管理されるようになり、その思考力は奪われ続けている。そうした趨勢のなかで原爆の忘却が、破局に破局を重ねながら進行しているとすれば、これに抗して、被爆の記憶を継承することを、今ここに生きる自分自身の営為として考える必要がある。原爆を記憶すること。それは何よりもまず、現在の世界にあって、死者とともに生きることに踏みとどまることである。このことの内実をみずから考えなければならない。

死者とともに生きることに踏みとどまるとは、死者の記憶を抹殺し、生者の生命を脅かす暴力が、歴史の否認を伴うさまざまな形態で蔓延している現在においては、この暴力に抗うことにほかならない。被爆の記憶の継承は、究極的には暴力の歴史の中断へ向けて行なわれるはずである。では、そこに至るかたちで原爆を記憶するとは、いったいどういうことなのだろうか。そのように問うことは当然ながら、被爆の記憶を受け継いでいくことに付きまとう困難を正視することでもある。それを経てこそ、今ここで原爆を記憶する可能性を、わずかなりとも見通せるのではないだろうか。ここではとくに、被爆の証言がどこから行なわれているのかを、ショアー〔ホロコースト〕の記憶の証言とも関連づけながら考察したうえで、被爆の証言を聴くことなどをつうじて原爆を記憶する可能性の一端を明らかにすることを試みたい。

原爆に遭うことは「遭《お》うた者《もん》」にしか分からない。生き残った人々はしばしばそう語ると聞く。爆風に薙ぎ倒された建物の下敷きになったり、熱線で身体を焼かれたりして、死線を彷徨う苦痛。壊滅してなお燃え続ける街のなかに、焼け焦げた屍が累々と横たわる地獄図。そして、かろうじて死地から逃げ延びた後も続く原爆症の恐怖。これらを実際に体験することは、言うまでもなく、非体験者の想像をはるかに越えている。しかし、そのような体験の記憶に触れるなかで、その証言が想像力の限界を突きつけるからこそ、証人とともに出来事を想起し、その体験の内実を、共感ないし共苦《コンパッション》をもって考えることができるのではないか。被爆の記憶を継承するためには、その可能性──ジャック・デリダがしばしば用いる言い方を借りるなら、不可能なものの可能性──を探究する必要がある。

そのために、ショアーという出来事の「表象不可能性」やその記憶の証言をめぐる議論を参照することは、いくつかの点で示唆的と考えられる。むろん、ショアーと原爆は、出来事としての性格を本質的に異にするところがある。しかし、とりわけ出来事を伝えることの困難さという点で、二十世紀の戦争を特徴づけるこれらの出来事は、通底する問題を含んでいるのではないだろうか。まず、ナチスによって六百万に及ぶユダヤ人をはじめとする人々が計画的に虐殺されたショアーという出来事について言えば、それは表象《リプレゼンテーション》の限界を越えている。ショアーは、特定の物語や映像によって再現され、代表されうるものでは断じてありえない。少なくともこのことは、原爆にも当てはまるはずである。

クロード・ランズマンの映画『ショアー〔SHOAH〕』（一九八五年）は、たしかにショアーという出来事のこうした意味での表象不可能性を突きつける作品である。ショアーの映像による再現を拒否し、虐殺を生き延びた者や歴史家などの証言だけで綴られた、この九時間半に及ぶこの反映画的な映画。それに向き合う際にとりわけ重要なのは、沈黙や空所がまさに映像のうちに穿たれているのを見届けることであろう。それをつうじて、ショアーという出来事の表象不可能性という問題——それは問題であって、けっして教条《ドグマ》ではない——に取り組むことが重要と考えられる。おそらく同様のことは、被爆のありさまを描いた映像や絵画にも当てはまるにちがいない。そして、これらに刻まれた空隙に目を向けるとき、これらを残した証人たちの位置も浮かび上がってくるのではないだろうか。

臨時の治療所となった派出所の前に集まった人々が映る、最初の「原爆写真」を撮影した松重美人は、彼自身が語るところによれば、この最初の一枚のシャッターを切るまで、半時間にわたって逡巡した。ようやくシャッターを切ったとき、ファインダーを覗く目は涙で曇っていた。後に松重は、写真に映った死体の酷い姿を前に、そのネガにみずから傷を付けたという。[4] 彼は広島の被爆の惨状を撮影しながら、同時にそれを捉えることを拒んでいる。あるいは、広島の原爆を生き延びた者が、被爆から三十年後に、あの日に体験した出来事を描いた「市民による原爆の絵」をつぶさに見るなら、絵に描けない出来事が言葉で補われたり、空白のまま残されたりしている。[5] 被爆という出来事は、被爆した者にとっても表象の限界を越えた出来事であり続けているのだ。そのことが被爆を伝える像のうちに刻まれている。

像の空隙が暗示する生き残りの身ぶりは、証人すらも出来事の核心を伝えうる位置にいないことを、さらにはそのことを証人自身が自覚していることを物語っているのではないか。ショアーをかろうじて生き延び、ショアーとは何であったかを証言し続けた一人プリーモ・レーヴィは、晩年に「真の証人は私たち生き残りではない」と語っている。彼によれば、「真の証人」とは、彼が収容所のなかで日々目にしていた「回教徒《ムーゼルマン》」と呼ばれる「溺れた者」、すなわち人を死に追い込む暴力をまともに背負い、徐々に身を屈めながら出来事の底まで沈んでしまって、そこから生還できなかった者なのだ。[6] このように出来事の中心に巻き込まれて消えていった者に対して、生還し、証言することができる者は、惨禍の残余であり、生き残りである。ラテン語で証人を表わす語の一つsuperstesは、同時に生き残りを意味している。[7]

したがって、惨禍の生き残りとしての証人の記憶には、空隙が刻まれている。その空隙は、同時に癒しがたい心の傷でもあろう。だからこそ証人たちは、自分が生き残っていることへの罪障感とともに、惨禍の体験を繰り返し想起せざるをえないのではないか。あるいはこう言ってもよいだろう。ショアーや原爆のような惨禍の生き残りのうちには、惨禍そのものに触れた傷とともに、その核心から——場合によっては肉親を見捨てるかたちで——弾き出されたことの傷も刻み込まれている、と。心身の傷と喪失の傷。世界を崩壊させた出来事が負わせたこれらの傷は、けっして癒合しない。それゆえに、時系列的《クロノロジカル》な時の流れは繰り返し中断され、生き残りたちは、失われた特異点でもある「あの日」に立ち返らせられてしまう。証人たちは、このような非=場所としての地点から、出来事を証言するのである。

こうして、生き残りとしての証人は、開いたままの心身の傷のなかから、けっして完結することのない出来事の記憶を取り出している。証言とは、苦悩の非随意的な反復ですらあるような想起のなかから紡ぎ出された言葉なのだ。レーヴィが述べているように、このとき証人は、もはや語ることのできない「真の証人」としての死者のために、そして死者に代わって、死者とともに体験した出来事を証言している。[8]それゆえ、証言が語られる手前にある、あるいはそれを中断させる沈黙のうちにあるのは、死者の沈黙でもある。この沈黙のなかから、そして沈黙を破って、被爆を生き延びた証人の口から証言が語り出される瞬間に立ち会うこと。これが広島と長崎における被爆の記憶の継承の原点である。そこから、表象の限界を越えた出来事を、証人とともに想起することが求められているのではないだろうか。

Ⅲ

原爆の生き残りとしての証人は、苦悩の記憶が回帰するなかから、原爆という終わることのない出来事を証言する。沈黙を破って重い口を開く。あるいは自分のなかの傷痕をなぞるように記憶を描く。なぜだろうか。一つには、自分の他には誰も、自分の死者のことを証言する者がいないからである。例えばレーヴィは、『休戦』のなかに、収容所で生まれ、収容所で死んでいったフルビネクという小さな子どものことを記し、この子の存在を証言するのは『休戦』の記述だけだと述べている。[9] 証人は、死者に対する代替不可能な責任を引き受けるなかから、それぞれかけがえのない死者に代わって、死者がその中心に巻き込まれてしまった出来事を証言しているのだ。[10] このとき、証言のなかで死者は、一人ひとりの特異性において想起されているのである。

たしかに、テオドール・W・アドルノがショアーの犠牲者について述べているように、原爆の犠牲となった死者たちも、人間としての死を死ぬことができずに、一個の「サンプル」——あるいは実験の一サンプル——として消されてしまったのかもしれない。[11] しかし、生き残った証人たちは、こうして人間をその人間性もろとも抹殺する暴力に、あるいは死者を「死亡者数」という数に還元し、一人ひとり特異な死者がいたことを忘れ去っていくある種の歴史の暴力に抗して、死者の尊厳を取り戻しながら、死者のためにその記憶を呼び覚まそうとしている。四十年にわたり広島の平和公園内の原爆供養塔の「世話」を続けながら、自身の被爆体験を証言し続けた佐伯敏子は、「原爆の絵」はただの絵ではなく、そこに描かれているのは「絵人間」であると繰り返し強調していたという。[12]「絵人間」、それは特異性において甦った一人の死者である。

「絵人間」の姿は、抹殺と忘却に抗いながら浮かび上がっている。生き残りとしての証人が被爆体験を証言し続けるのは、原爆の忘却が続くなかでは「死者たちさえも安全ではない」からでもある。そして、忘却に忘却が重ねられるばかりなら、死者の存在が地上から再び消し去られるのみならず、死者が体験した出来事が、形を変えながらはるかに大きな規模で繰り返され、死者を含めた人類がすべて地上から消え去ってしまう危険——その危険は、二〇一一年三月一一日の東日本大震災に伴って起きた福島第一原子力発電所の過酷事故以後、確実に迫っている——をも、証人たちは同時に警告しているのだ。このように、忘却と抹殺に抗する言葉である点で、被爆の記憶の証言には、アウシュヴィッツの収容所で死体の処理などを任されていたユダヤ人特務班《ゾンダーコマンド》のメンバーが撮影した四枚の写真にも通じるところがある。ジョルジュ・ディディ＝ユベルマンは、そこにあるのは「すべてに抗してのイメージ」であると述べている。

アウシュヴィッツの地獄から、そこを覆い尽くす抹殺からもぎ取られた「すべてに抗してのイメージ」。ガス室へ追いやられる女性たちや焼かれる死体を映し出すこのイメージについて、ディディ＝ユベルマンはさらに、なぜそれが苦しい構図なのか、いったい何のために撮影されたのかなどを、写真の細部の解読をつうじて厳密に跡づけ、それによって、不鮮明な写真それ自体のうちから——ということは、写真の一切の修正を排して——、アウシュヴィッツで起きていた虐殺を、さらにはそれを写真に収めようとする撮影者の荒い息遣いや震えをも浮かび上がらせようとしている。それによって彼は、「想像を絶する」と言われてきたショアーという出来事を、それでもなお想像する回路を切り開こうとしているのである。[13]

そのような「すべてに抗してのイメージ」へのアプローチと通底する仕方で、原爆という非体験者の想像をはるかに越えた出来事についても、これを想像し続ける回路が開かれる必要がある。もはや

「想像を絶している」といった言葉を楯に、「表象不可能性」の教条に逃げ込むことは許されない。そのことによる思考停止こそが、被爆の記憶を「ヒロシマの心」などの常套句に回収して一方的に歴史化し、「唯一の被爆国」の神話を作り上げるのに荷担してきたのだ。この神話は、国家の戦争責任と植民地支配の責任を問いただす道を塞いで、国家が核兵器保有の可能性を留保するかたちで「核の平和利用」を破滅的に拡げながら、世界中で新たなヒロシマとナガサキの子の惨たらしい死をもたらす戦争——現在の「テロとの戦争」——に積極的に加わろうと策を弄することを可能にしてきた。そして、この国における神話の支配は、今や生者と死者の双方が国家によって使い捨てられかねない段階に達している。

それゆえ、「唯一の被爆国」の神話の支配——それに依存する大勢順応主義《コンフォーミズム》が、とくに広島を「被爆国」のアリバイとして見せることを可能にしてきたのだ——を食い止めるためにも、被爆することを想像し続け、原爆とは何かを考え続けなければならない。その際、ディディ＝ユベルマンがアウシュヴィッツからもぎ取られた「すべてに抗してのイメージ」に対して行なった解読の作業に通じる仕方で、被爆を生き延びてきた証人たちの証言の言葉の一つひとつを、残された「原爆の絵」の細部を、つぶさに辿る必要がある。その作業には、ベンヤミンが文学作品の翻訳を論じた「翻訳者の課題」のなかで推奨する、「字句通り」の翻訳とも通底するところがあると考えられる。[14]

ベンヤミンは、文学作品の文字として残された姿に、その一言一句に愛を込めて寄り添う翻訳によって、作品の死後の存続の一段階を印づけるところに「翻訳者の課題」を見ているが、当然ながら、そのように「字句通り」翻訳することは、翻訳者の言語に対して破壊的に作用する。しかし、彼によれば、母語の震撼を経てこそ、翻訳される作品は、その死後の生長の新たな段階に達することができるし、翻訳する言語も、作品の新生の場となりうる言語に生まれ変わるのだ。同様に、「原爆の絵」などを含む被爆の証言の細部に寄り添い、沈黙と空白によってしばしば中断されるその間欠的で反時系列的《アナクロニック》な時間に沈潜することは、そうして証言に耳を澄ます者の歴史認識や原爆観を、根底から震撼させるにちがいない。そのことは、被爆を体験した者の傷の一端に触れ、それを自分のうちに抱えてしまうことですらあるはずだ。[15] だが、それでもなお、自分の言葉を解体しながら証言を受け止めてこそ、被爆を新たに想像する余地が自分自身のうちに開かれるだろう。

このように、ベンヤミンの語る「字句通り」の翻訳からも考えられる仕方で、被爆の証言をその細部に至るまで聴き届けることによってこそ、被爆の記憶が今ここに新たに呼び覚まされうると考えられる。ここに被爆の記憶を継承する可能性を見るべきであろう。原爆を記憶することは、被爆の証言が沈黙のなかから語り出される瞬間に立ち会うことに始まる。そして、その地点から証言に細やかに寄り添っていくとは、証人のなかの癒合することのない傷から呼び起こされてくる記憶に取り憑かれ、自己の同一性《アイデンティティ》の基盤が根底から震撼させられるのを潜り抜けて、原爆の傷を、残傷と呼ぶべきこの傷を分かち持っていくことである。[16] それは、原爆の記憶を語り出す言葉を、自己とその言語の解体を潜り抜けて紡ぎ出すことでもある。こうして残傷を分有することこそが、被爆の記憶の継承にほかならない。

Ⅳ

残傷の分有としての継承。それは証人が体験した被爆という出来事を、新たに想起することである。たしかに、被爆の瞬間はすでに過ぎ去っているし、その出来事の核心は、証人にとって記憶の空隙である。特異点としての原点が取り戻しようもなく失われているがゆえに、出来事は、想起による反復のなかに生き延びるほかはない。しかし、差異を含んだこの反復のなかでこそ、出来事は、唯一無二の出来事として新たに甦りうる。残傷の分有としての記憶の継承は、こうして反復のなかに特異性が見いだされ、出来事が新生を遂げる可能性を証す営為と考えられるべきであろう。[17] そして、こうして一つの出来事が未完結のままに、まさに終わることのない出来事として見いだされるなかで、それに巻き込まれた死者たちも、一人ひとりの特異性において想起され、哀悼されうるにちがいない。

それゆえ、被爆の記憶を継承するとは、出来事の新生であるような想起をつうじて、証人、さらには人としての死者とともに生きる場を今ここに切り開くことである。ただし、そうして死者を含めた他者とともに生きることに踏みとどまるとは、証人や死者との同一化ではありえない。すでに述べたように、残傷を分有するとは、証言に耳を澄まし、その言葉をもう一つの言葉に翻訳することである。それは、広島や長崎のある場所で被爆して、文字通り地獄の惨状を目の当たりにしながら、かろうじて生き延びた記憶を語りかける言葉に寄り添いながら、それを、自己解体を経て見いだされた別の言葉のうちに反響させることにほかならない。そして、証言の谺《こだま》を響かせるかたちでそれを翻訳するとは、証言される出来事と自分の関係、さらに言えば、証言する言葉と、自分の言葉との関係を分節化することなのである。[18]

こうして過去との関係を分節化することは同時に、体験者にはできなかったかたちで、原爆とは何かと問うことでもある。証言されているのはどのような出来事だったのかと、証人とは異なった位置から考えること、これが体験することのなかった出来事を、それでもなお想像することに結びつくのだ。その際、ディディ＝ユベルマンがしたように、今日参照することのできる歴史的なドキュメントの数々を駆使することもできよう。そのことは、被爆することに作用する複数の暴力――核兵器による無差別殺戮の暴力のみならず、爆心地近くでの作業を強いた総力戦体制の暴力など――の所在を認識することであるかもしれない。あるいは、帝国の軍都としての街の姿を目の当たりにするなかで、国家への怨念を含む複数の怨念に触れることもあるだろう。こうした出会いを経て、絶えず出来事を多声的《ポリフォニック》に捉え返し、学び直していくことが、出来事を想像し続けることである。それをつうじて、複数の記憶のモザイクとして被爆の歴史を構成し直すことが、今ここに原爆を想起し続ける場を開くにちがいない。

とはいえ、その過程で、証人への共感のなかから、証人が体験した出来事と、証人が応えようとしている死者とを、それぞれかけがえのない存在において想起することは、けっして蔑《ないがし》ろにされてはならない。そして、出来事を浮き彫りにし、死者の一人ひとりを追悼するためには、これらの記憶が、すでに語られた被爆の歴史から、さらには「唯一の被爆国」の神話のうちにある忘却から、まさにもぎ取られる必要がある。証人が語りかけるのは、未だ歴史に書かれたことのない、いや神話としての歴史が物語られることによって抑圧されてきた記憶なのだ。そのような記憶を、ベンヤミンの言葉を借りて言えば、「歴史を逆撫でする」かたちで救い出さなければならない。[19] そのためにこそ、記録が活用されるべきである。

そのように、神話としての歴史の批判的な解体によって、一人ひとりの被爆の記憶を今ここに呼び覚ますことは、過去と現在を時の断絶の上で出会わせながら、現在を照射することである。およそ七十年前に広島と長崎でおびただしい人々を、人として死ぬことを不可能にするかたちで死に追いやり、かろうじて生き延びた者にも癒えることのない傷を残した暴力。被爆した者の生命の根幹を破壊し、生き残った者の心身を今も苛む放射能の威力。さらには、人としての尊厳を求めて声を上げた生存者を、再び科学のサンプルとして扱いながら、一方的に「被爆者」か否かを裁断する法の暴力。これらがこの国で、世界各地で、生きることを脅かし、死者の尊厳を侵し続けている現在が、鋭く照らし出されるのだ。

このとき、広島と長崎の惨禍をもたらした暴力の歴史が今も続いていて、その暴力が今、ある別の場所で形を変えながら繰り返されているのを見通すなら、広島と長崎の原爆を、別の場所で起きた出来事と結びつけ、両者をそれぞれの特異性において互いに照らし出す回路が開かれる。そのように、広島と長崎の人々の被爆の記憶を、他の人々の苦難の記憶と相互に照らし合わせることは、被爆を体験しなかった人々にこそ可能であり、エドワード・W・サイードが述べているように、それは、ある場所で人々が被ったのと同じ苦難が別の場所で繰り返されることを食い止めるために、何よりもまず必要なことであろう。[20]そして、このようにして、広島と長崎の被爆の記憶を世界的な文脈のなかに呼び覚ましながら、暴力の歴史を断ち切ることへ一歩を踏み出すことが、広島と長崎から平和を築く出発点になるはずである。

ただし、広島と長崎の被爆の記憶を、他の場所で人々が被った、あるいは今も被っている苦難の記憶と照らし合わせる際に、まず求められるのは、他の場所における苦難の記憶を証言する言葉に耳を澄ますことである。ヒロシマやナガサキを「知ってもらう」ことが絶対に先立ってはならない。他者が被った惨禍に目を向け、その証言に耳を開くことが何よりも重要である。それは、内戦を含む戦争や核実験がもたらした苦悩を抱えた人々が、親しみを込めてヒロシマやナガサキの名を呼ぶのに応答することであると同時に、そうした人々の苦悩に寄り添い、人々のなかに疼く残傷を分かち持つことでもある。そして、このようにして、他の場所における一つひとつの惨禍を唯一無二のものとして想起しながら、残傷を分有する回路を世界的な次元で切り開くなかでこそ、広島と長崎における被爆の記憶も、それぞれ特異であると同時に普遍的な記憶として照らし出されてくるにちがいない。

このように、残傷の分有の回路を世界に開くかたちで他者の苦悩の証言に耳を傾けることをつうじて、広島と長崎の被爆の記憶を新たに呼び覚ますなかで、それぞれ特異な記憶の星座が形づくられていくだろう。時空の隔たった惨禍の記憶が、残傷の分有によって応え合うなかに形成される記憶の星座、それは、人間性のすべてを剝奪しながら人を無残な死に追いやり、死者の記憶をも抹殺しようとした暴力の残余——惨禍の生き残り、その心身に刻まれた傷痕という残滓——からの想起にもとづいて語られるもう一つの歴史、残余からの歴史を描き出すものと言えよう。この残余からの歴史を描く星座の閃きは、忘却と暴力の歴史が続く現在を照らしながら、死者とともに生きることに踏みとどまる、抵抗としての生の可能性を指し示すだろう。

今ここで被爆の記憶を継承するとは、それぞれ特異な苦難の記憶の星座を形づくる星の一つを、被爆を体験した者の記憶から、それ自体多声的に構成される一つのモザイクとして浮かび上がらせ、被爆の記憶を世界的な文脈のなかに、絶えず新たに呼び覚ましていくことである。それは死者の沈黙でもある沈黙のなかから証言が語り出されてくる瞬間に立ち会い、その言葉の一つひとつに耳を澄ますことによって、被爆の残傷を分有することから始まる。被爆の残傷の分有、それは自己の震撼をつうじて、被爆の証言をもう一つの言葉に反響させることである。こうして響き始める残傷の谺のうちにこそ、死者の一人ひとりが想起され、被爆の記憶が唯一無二の出来事の記憶として浮かび上がってくるのだ。その響きが、他者の苦悩の記憶と響き合うところに、今も続いている、生命を根幹から破壊する暴力の歴史を断ち切る可能性が指し示されるにちがいない。

二〇一五年三月一一日

註

1　この問いに取り組む透徹した思考の足跡として、以下の論考を参照。直野章子『「原爆の絵」と出会う——込められた思いに耳を澄まして』岩波書店、二〇〇四年。ここに記された広島の原爆被害者の証言の聞き取り、そして「原爆の絵」についての緻密な調査と考察から、後論でも示されるように、実に多くの示唆を得た。これに加えて、広島の原爆を記憶する道筋を考える際には、以下の論考も繰り返し参照されるべきであろう。米山リサ『広島　記憶のポリティクス』小沢弘明他訳、岩波書店、二〇〇五年。

2　こうした方向性は、広島平和記念資料館の改装と展示の更新へ向けて、広島平和記念資料館展示整備等基本計画検討委員会が中心となって策定した「広島平和記念資料館展示整備等基本計画」（二〇一〇年）からうかがい知ることができる。なお、広島市では現在、「被爆体験伝承者の養成」も進められている。これらの点と、「実物資料」重視の方針の下、被爆体験を再現した人形を含むジオラマが現在の場所から撤去されることの孕む問題について、以下の論考から多くの示唆を得た。鍋島唯衣「被爆再現人形は何を伝えてきたのか——被爆再現人形撤去を巡る論争を手がかりに」広島市立大学開学二十周年記念学生平和論文コンテスト応募論文、二〇一四年。以下の同論文のウェブサイトより全文を閲覧可能（最終閲覧二〇一五年三月五日）。http://www.20th.hiroshima-cu.ac.jp/competition/prize/

3　Walter Benjamin, »Über den Begriff der Geschichte«, in: *Gesammelte Schriften* (*GS*) Bd. I, Frankfurt am Main: Suhrkamp, ^{3}1990, S. 695; Id., »Das Kunstwerk im Zeitalter seiner technischen Reproduzierbarkeit«, in: *GS* Bd. I, S. 508. 日本語訳は、いずれも以下の主要著作集に収録されている。山口裕之編訳『ベンヤミン・アンソロジー』河出書房新社、二〇一一年。

4　最初の「原爆写真」とそのネガの傷の様子、また松重美人による「原爆写真」の撮影の経緯やそれに関する証言については、以下に収録されている論考や対談を参照。『Photographers' Gallery Press No. 12 爆心地の写真1945―1952』Photographers' Gallery 発行、二〇一四年。

5 この点については、直野、前掲書、とくに五～二〇頁を参照。

6 プリーモ・レーヴィ『溺れるものと救われるもの』竹山博英訳、朝日新聞社、二〇〇〇年、九三頁。

7 生き残り、ないしは残りの者としての証人とその証言のあり方を掘り下げ、ショアーを記憶する可能性を探る論考として、以下を参照。ジョルジョ・アガンベン『アウシュヴィッツの残りのもの――アルシーヴと証人』上村忠男、廣石正和訳、月曜社、一九九九年。ラテン語の superstes については、とくにその一七頁以下を参照。

8 レーヴィ、前掲書、九四頁。また、アガンベンは、この点でショアーの生き残りとしての証人とは、人間性を完全に剝奪されて抹殺された「回教徒」の代理人であり、「非＝人間」に声を与える者であると述べている。アガンベン、前掲書、一六三頁以下も参照。

9 P・レーヴィ『休戦』竹山博英訳、朝日新聞社、一九九八年、一六頁以下。

10 このような、「誰も証人に代わって証言しない」というパウル・ツェランの「灰の栄光」の詩句でも表現されるような、死者に対する代替不可能な責任にもとづく証人の立場について、以下の論考を参照。高橋哲哉「満身創痍の証人――〈彼女たち〉からレヴィナスへ」、『記憶のエチカ――戦争・哲学・アウシュヴィッツ』岩波書店、一九九五年、一四五頁以下。

11 「収容所において死んだのは、もはや個人ではなくサンプルであった」。Theodor W. Adorno, *Negative Dialektik*, Frankfurt am Main: Suhrkamp, 1975, S. 355. 日本語訳は、テオドール・W・アドルノ『否定弁証法』木田元他訳、作品社、一九九六年、四三九頁。

12 直野、前掲書、三九頁以下。

13 こうしたディディ＝ユベルマンの方向性が端的に言い表わされているのが、以下の一節であろう。「可能な芸術作品のどれよりも貴重で、またどれよりも痛ましいこれらの断片は、それらが不可能であることを望んだ世界からもぎ取られたものだ。つまりそれはすべてに抗してのイメージである。アウシュヴィッツの地獄に抗して、課された試練に抗して。われわれはそれに答えてそれらを熟視し、引き受け、理解しようと試みなければならない」。ジョルジュ・ディディ＝ユベルマン『イメージ、それでもなお――アウシュヴィッツからもぎ取られた四枚の写真』橋本一径訳、平凡社、二〇〇六年、九頁。

14 W. Benjamin, »Die Aufgabe des Übersetzers«, in: GS Bd. IV, 1991, S. 17. 日本語訳は、前掲『ベンヤミン・アンソロジー』所収。他者の言葉に対する態度としての「字句通り」の翻訳の意義、さらにはそれがもたらす言語の震撼をつうじて、言語を生成させ、その表現力を豊かにしていく可能性については、以下の拙著のとくに第二章を参照されたい。柿木伸之『ベンヤミンの言語哲学――翻訳としての言語、想起からの歴史』平凡社、二〇一四年。

15 この点について、直野、前掲書、六二頁参照。そこには、「原爆の絵」を見たときの憑依的で共感覚的な、眩暈を催すような体験が綴られている。こうした、他者の身代わりになるかのような強度を伴った体験は、避けるべきものでは断じてなく、むしろ記憶の痕跡に寄り添いながらそれを潜り抜け、みずから出来事の一人の当事者になる、ないしは生まれ変わることは、とくに被爆の記憶を受け継いでいくうえでは欠かせないことである。それは、心的外傷《トラウマ》を受け継ぐことであるかもしれない。そして、このとき重要なのは、最初に傷を負った者とともに、その痛みを分かち合い、正しく潜り抜けることであり、そこにこそ共苦としての共感がある。この点について、エヴァ・ホフマンの論考の以下の言葉を参照。「共感とは、語られる物語に余計なものを加えることなくそのまま受け入れる力であり、他者の感じていることを過小にも過大にも評価することなく公平な感覚で捉える能力のことだ」。エヴァ・ホフマン『記憶を和解のために――第二世代に託されたホロコーストの遺産』早川敦子訳、みすず書房、二〇一一年、二八九頁。

16 「残傷」の語は、以下の論集から着想を得た。李静和編『残傷の音――アジア・政治・アートの未来へ』岩波書店、二〇〇九年。

17 この点で、惨禍の記憶を継承するとは、出来事をベンヤミンの言う「根源」として発見することと言えるかもしれない。彼によると「根源」とは、復元と、この復元における未完成なものの双方への「二重の洞察」

によって見いだされる、「生成の渦」をなすような「歴史のカテゴリー」である。W. Benjamin, *Ursprung des deutschen Trauerspiels*, in: *GS* Bd. I, S. 226. 日本語訳は、W・ベンヤミン『ドイツ悲哀劇の根源』岡部仁訳、講談社、二〇〇一年、四九頁。

18 後続の世代が、前の世代が体験した惨禍を記憶するとは、この過去の惨禍との関係を結び、分節化することであるという点について、以下を参照。ホフマン、前掲書、一一二頁。

19 W. Benjamin, »Über den Begriff der Geschichte«, S. 697.

20 サイードは、「知識人」——これは「知識階級」の名称ではなく、アマチュア精神を失うことなく、自分の知性で真理を探究し、権力に臆することなく真実を語ろうとする者の名である——の使命について、こう語っている。「したがって知識人がなすべきことは、危機を普遍的なものととらえ、特定の人種なり民族がこうむった苦難を、人類全体にかかわるものとみなし、その苦難を、他の苦難とむすびつけることである。〔中略〕これは、特定の苦難の歴史的特殊性を捨象することとはちがう。そうではなくて、ある場所で学ばれた抑圧についての教訓が、べつの場所や時代において忘れられたり無視されたりするのをくいとめるということである」。エドワード・W・サイード『知識人とは何か』大橋洋一訳、平凡社、一九九五年、七六頁。

追記

本稿は、本書のための書き下ろしである。筆者はすでに、二〇〇五年七月二八日に広島市まちづくり市民交流プラザで行われたキャロル・グラックの講演「未来を記憶する——ヒロシマと世界」および、七月三〇日に広島国際会議場で開催された国際シンポジウム「ヒロシマと平和憲法——私たちはその精神をどう活かすか」（主催はいずれも広島市立大学広島平和研究所）の際に彼女が行なった報告「原爆の記憶の自然史——私たちの時代のための遺産」に触発されるかたちで、「唯一無二のヒロシマを普遍的に記憶する」という短い覚え書きを記している（筆者ウェブサイト「Flaschenpost ——柿木伸之からの投壜通信」所載）が、被爆から七十周年を迎えるにあたり、そこで示した着想を深化させるかたちで、あらためて被爆の記憶を継承することを、現在の営為として問い直してみた次第である。

［不採択］被爆七十周年記念事業案

事業の名称と目的

事業名称

被爆地ならではの文化の世界的な発信の拠点となる芸術文化施設の整備と上演作品の委嘱

事業目的

被爆から七十年という節目は、非体験者が主体となって、広島の被爆の記憶を、世界中の苦難の記憶と呼応させながら発信し続ける文化の将来を真剣に考えなければならない時期の到来を告げるものであろう。これを機に、そうした文化の基礎となる資料を保全し、継承する拠点としての文学館を建設するとともに、被爆地ならではの、かつ芸術性の高い文化を育み、世界的に発信していく拠点となるべき、音楽と舞台芸術の専門的な複合施設を建設する。さらに、広島からの新たな文化の発信の出発点となるオペラ作品を、気鋭の作曲家に委嘱し、被爆七十周年の年の初演を目指す。これによって、広島市を真の意味での「国際平和文化都市」として発展させ、世界的に認知させていくための基盤を整備する。

事業内容

提案の背景

現在の広島において、公共及び民間の美術館、広島市映像文化ライブラリーや民間の映画館など、視覚芸術のための文化施設は、他都市と比べてもかなり充実していると言える。しかし、クラシック音楽専用の公共の演奏会場は皆無であり、そのために広島が誇るオーケストラである広島交響楽団は、音響の不十分な多目的施設での定期演奏会開催を余儀なくされているうえ、他の世界的な演奏団体や演奏家の公演も非常に少ない。また、徐々に広島での上演活動が充実しつつある演劇や舞踊も、外部からの刺激を受けながら芸術性を追求していくための拠点を欠いたままである。さらに、将来の文化発信の基盤ともなる、広島の重要な文学者の作品の自筆原稿などの基礎資料は、研究に充分活用されないまま、破損や散逸の危機に瀕している。このような広島の文化の危機的な状況に立ちつつ、被爆七十周年を迎えた後も広島市が真に「国際平和文化都市」として発展していく見通しを切り開くために、1広島の文学者の基礎資料を保全し、継承するとともに、その文学の研究の拠点となる文学館の建設、2クラシック音楽と高度な芸術性をもった舞台芸術の拠点となる、コンサート・ホールを中心とした複合文化施設の建設、3被爆地からの新たな文化の発信の出発点となるべき現代のオペラ作品の委嘱と上演という三つの事業を、被爆七十周年記念事業として提案する。

1　文学館の建設

現在、原民喜、大田洋子、峠三吉、栗原貞子といった広島を代表する作家や詩人の自筆の原稿や書簡といった貴重な資料は、広島市立中央図書館やそれぞれの遺族の許などに保管されているが、その保存状態はけっして充分とは言えない。また、そのように基本的な資料が分散したまま、人の目に触れにくい状態だと、研究に活用されにくいうえ、広島の重要な文学者の存在すら忘れられかねない。それに、これまで資料を守ってきた遺族たちも高齢になりつつある。今や、「原爆文学」をはじめとする広島の文学の意義を省みるうえで基盤となる資料が、破損と散逸の危機に瀕していると言えよう。こうした広島の文学資料の危機は、そのまま被爆の記憶の継承の危機でもあると考えられる。

このような広島の文学をめぐる危機的状況は、心ある市民によってつとに指摘されてきたし、文学館建設を求める声も少なからず広島市当局に寄せられてきた。被爆七十周年の節目こそ、この声に応えるまたとない、そしてほとんど最後とも言える機会であろう。上に挙げた作家や詩人をはじめとする広島の文学者が残した自筆原稿や草稿、書簡といった資料を整理して保存するとともに、それを定期的に特徴的なテーマの下で展示して、広島市民や広島を訪れる旅行者が、文学者たちの作品の魅力を再発見し、読み継いでいく契機をもたらすような、さらには文学研究の拠点となるような文学館が、節目の年に建設されるべきである。建設に際しては、文学資料の収蔵と展示のための適切にして充分な空間のみならず、学術的な専門性を持った学芸員組織が整備されることが重要である。被爆七十周年の年に、被爆地からの文化創造の基盤としてつねに立ち返られるべき文学資料が継承される場が、まず整えられるべきである。

2　コンサート・ホールを中心とした専門性と芸術性を追求する複合文化施設の建設

背景として述べたことにもとづき、広島交響楽団をはじめクラシック音楽の世界的な演奏団体及び演奏家の演奏会場として機能することによって、広島の音楽文化の中心となるとともに、先端的な演劇や舞踊の公演会場としても機能して、舞台芸術の芸術性を追求する中心ともなる、さらには音楽と舞台芸術を総合した現代の芸術を被爆地から発信する、複合的でかつそれぞれに専門性を追求した文化施設が、被爆七十周年の年に、世界的な文化発信の可能性へ向けて建設されるべきである。そこには、以下に挙げるようなコンサート・ホールや劇場施設が整えられるのが適当と考えられる。

・広島交響楽団などオーケストラの演奏会場となる音楽専用ホール（一六〇〇～一八〇〇人収容）
・小規模のアンサンブル、室内楽、独奏のための音楽専用ホール（三〇〇～五〇〇人収容）
・芸術的な演劇や舞踊、さらには室内オペラの公演会場となる中劇場（六〇〇～八〇〇人収容）
・実験的な舞台芸術などの公演会場となるスタジオ（一〇〇～二〇〇人収容）

広島の芸術的な音楽と舞台芸術の中心となる本施設の建設に際しては、被爆地ならではの文化の育成と発信を継続できるように、公演などを長期的に立案し、プロデュースできる、音楽と舞台芸術それぞれに高度な専門性を持った制作組織が整えられることが何よりも重要である。この世界に生きることと自体を掘り下げながら、かつ芸術性を徹底的に追求しながら、被爆の記憶を世界中の苦難の記憶と呼応させ、今平和とは何かと受け手に問いかける、被爆地からこそ可能なプログラムを打ち出し、それに感応する世界的なアーティストを積極的に迎え入れていく実質的な活動こそが、本施設を生かし、そこに世界的な注目を集めていくにちがいない。また、音楽専用ホールの建設に際しては、クラシック音楽演奏のための音響の良さが最優先に考慮されるべきである。さらに、本施設が市民や訪問客にとって魅力的であるよう、クロークやカフェなどの施設も充実されるべきであろう。

3　現代オペラの委嘱と上演

広島出身の作曲家細川俊夫のオペラ《班女》の公演（二〇一二年一月二〇、二二日、アステールプラザ能舞台）が全国的な注目を集めるなど、すでに重要な成果を上げているひろしまオペラ・音楽推進委員会の事業を顧みるに、現代のオペラこそ被爆地からの世界的な文化発信の重要な媒体となりうると考えられる。そこで、上記の文化施設の中劇場の柿落としとして、現代の気鋭の作曲家に、広島に何らかの題材を得た、可能なかぎり被爆の記憶に触れるようなオペラを委嘱し、上演することを提案する。作曲に際しては、作曲家と台本作家の双方が広島に長期間滞在して、広島在住のドラマトゥルクの助言を得ながら作品の構想を練り上げるとともに、作品の芸術性を徹底的に追求することが望ましい。

追記

本稿は、二〇一三年七月から八月にかけて広島市企画総務局が被爆七十周年記念事業の「アイデア」を募集したのに応じて書かれたものである。「提案の背景」に記したような広島の文学と音楽を取り巻くきわめて厳しい状況を踏まえて、文学館と、音楽専用のホールを備えた芸術複合施設の建設、そしてこれらを生かすオペラ作品の委嘱を真剣に提案したわけだが、案の定と言うべきか、事業案として採択されることはなかった。だからといって、この提案を引っ込めるつもりは毛頭ない。むしろ、文学館と音楽専用ホールへの要求とその背景にある問題意識を、広く共有していただきたいと考えている。そのような意思をもって、不採択となった提案を記した本稿を、敢えて本書に収録した次第である。

広島の文学と音楽の中心を支え、これらを開花させる基盤が欠けているという問題はきわめて深刻で、つねに憂慮している。そもそも、原民喜、大田洋子、栗原貞子、峠三吉といった原爆文学の主要な作家の重要な草稿や自筆のメモなどが、図書館や資料館の奥に眠ったままでよいのだろうか。これらが充分な手段で保存されるとともに、つねに研究に活用されうる環境が整えられなければ、広島の文学の貴重な遺産が忘れ去られてしまうばかりか、散逸しかねないだろう。これまでも広島に文学館を！市民の会——二〇一〇年三月に活動を停止し、現在は広島文学資料保全の会として活動を続けている——が、広島市当局に文学館の建設を繰り返し要請してきたが、その背景に差し迫った状況があることが今、あらためて顧みられなければならないと考えている。

それに、広島に音楽専用のホールが欠けていることによって、広島の音楽文化が深く根づかないばかりか、その質も伸び悩んでいるように思えてならない。何よりもまず、現在若くて実力のある音楽家が集まりつつある広島交響楽団が、つねに充分な音響効果の下で演奏活動を繰り広げられる本拠地を手にする必要がある。それによってこそ聴衆は、このオーケストラの力量を体感できるはずだ。このことが、広島におけるクラシック音楽への関心をさらに高めるだろう。また、音楽専用のホールがあれば、国内外のオーケストラをはじめ、優れた演奏団体が広島を訪れる機会が増えることは言うまでもない。例えば、現在、広島に国内外のオーケストラが来演する機会は、広島より小規模の都市と比べても非常に少ない。演奏家も聴衆も、優れた音楽家の音楽にじかに触れる機会を多く得てこそ、より質の高い音楽をみずから求めるようになるはずである。このまま音楽専用ホールを欠いた状態が続けば、演奏家も聴衆も、低い水準で満足する習慣を身に着けてしまうのではないかと危惧される。

ただし、文学館も音楽専用ホールも、それを動かす人がいなければ、すぐに無用の長物と化してしまう。これらを活用する文学者や音楽家の存在もさることながら、文学資料を保全しながらその意義を、優れた展示をつうじて伝える学芸員、そしてつねに広島の、あるいは広島からの音楽を考えて長期的なプランを立て、国内外の優れた音楽家を招聘しながらホールをつねに活用するプロデューサーも、どうしても欠かせない。さらに、作家を含む芸術家、研究者、制作スタッフがつねに協働することこそが、広島の文化の土壌を、過去の遺産の発掘をつうじて豊かにしていくはずである。このようなことを念頭に、三者の協働の出発点として、筆者も委員に名を連ねているひろしまオペラ・音楽推進委員会の実績も踏まえつつ、新作オペラの制作を提案に含めた。このような思いを込めた本稿が、文学館と音楽専用ホールを備えた芸術複合施設の建設を求める議論の呼び水になることを心から願っている。

あとがき

今から十四年前、東京から広島へ移り住むことが決まろうとしていた夏のある日、徐々に広島へ思いが向くなかで手に取ったのが、大江健三郎が編んだ原民喜の作品集『夏の花・心願の国』（新潮文庫、一九七三年）だった。本書のなかで繰り返し触れてきたように、そこに収められた「夏の花」をはじめとする、原自身の被爆体験にもとづく作品は、一九四五年八月六日に広島市の中心部の上空約六百メートルで原子爆弾が炸裂した後に現出した、「人間」や「進歩」といった言葉の被いが、取り返しのつかないかたちで引き剝がされてしまった後の世界を、静かな筆致で克明に描き出す。彼の研ぎ澄まされた言葉は、核の閃光によって生き物《アニマル》の組成を剝き出しにされた者——その姿については、はしがきでも触れたジョルジュ・バタイユの『ヒロシマの人々の物語』（酒井健訳、景文館書店、二〇一五年）も併せて参照されたい——の呻きや叫びを透過して響かせるのみならず、その肉体がのたうつ動きをも浮かび上がらせている。そのような原の「剝ぎとられた世界」からの言葉に打たれたことが、ヒロシマとの決定的な出会いだった。

その後、原の作品を繰り返し読み直すなかで、「パット剝ギトッテシマッタ」後の世界を見つめる彼の眼差しには、私が今もその思想の研究に取り組んでいるヴァルター・ベンヤミンが、彼の遺稿となった「歴史の概念について」の第九テーゼのなかに浮かび上がらせた「歴史の天使」の眼差しと、どこか重なり合うところがあるように思われてきた。この天使は、瓦礫に瓦礫が積み重なっていく地上の廃墟を見つめながら、「進歩」と呼ばれてきたものが破局の連続にほかならないことを見抜いている。そして、「進歩」の歴史が破壊し去っていったものの破片を継ぎ合わせ、死者の一人ひとりの魂《アニマ》を呼び覚まそうとしているのだ。ベンヤミンは、このように想起することにもとづくもう一つの歴史の概念を構想していたわけだが、そうした彼の思考のモティーフにも、記憶に回帰する死者の声に刺し貫かれるなかから「鎮魂歌」を響かせようとする原の詩作と呼応するところがあるにちがいない。

本書は、原民喜の文学とベンヤミンの思想に対するこのような見方を背景としながら、二〇一四年に上梓した『ベンヤミンの言語哲学――翻訳としての言語、想起からの歴史』(平凡社)に組み込まれたいくつかの論文を書き継ぐ傍らで、文化に関わる活動とも連動しながら継続された、広島の地での、ヒロシマの記憶や広島の文化、あるいは広島から語りかけられるべき平和の概念についての思考のもがきの跡を示すものである。第一部には、想起の媒体としての芸術作品のあり方を掘り下げながら、死者とともに生きる場を切り開く芸術の力に迫ろうとする評論や講演をまとめた。第二部の中心をなすのは、ヒロシマ平和映画祭やそれに関連する催しの際に行なわれた講演である。その基調をなすのは、広島の現在を、軍都の歴史の連続を見据えつつ照らし出し、その歴史に抵抗する文化の遺産を、生の肯定へ向けて継承する可能性を模索する思考と言えよう。第三部には、合評会などの機会に発表された書評を中心とする批評を集めた。とくに友人たちの著書に触れたものについては、その重要性が顧みられる契機になればと願っている。第四部に収められているのは、今ここで被爆の記憶を継承すること自体へ思考を差し向け、被爆の記憶を世界的なものとして受け継ぐことにもとづいて追求されるべき平和の可能性を、他者とともに生きることのうちに探った論考である。付録として、広島の文化を培っていくために致命的に欠けている施設の建設の提案を付した。

　このような構成で送り出される本書の議論には、言うまでもなく、尽くされていない点が多々あるにちがいない。また、哲学と美学の徒の視点からのアプローチの限界が露呈しているところもあろう。これらについては、読者からの忌憚のない指摘を仰ぎたい。本書の問題提起を契機に、これに欠けているものを補うかたちで、軍都廣島と戦後の広島の歴史を、現在を照らし出すものとして捉え直すことや、被爆の記憶の証言を深く受け止め、その記憶を、他者の苦難の記憶にも呼応するかたちで継承することについて、そして広島の芸術と文化のあり方について議論が深まることを期待して、本書をお届けする次第である。ここに挙げた事柄に対する問題意識を分かち合うことは、生きることを深く肯定しながら、他者とともに生きる見通しを広島の地から切り開いていくうえで不可欠のことと思われる。

　本書は図らずして、生きること自体の深刻な危機のただなかに差し出されることになった。今まさに、絶えず戦争の暴力に曝され続けてきた沖縄の人々の切なる願いを踏みにじるかたちで、辺野古の海で、米軍基地建設へ向けた工事が強行されるなか、日本が戦争に積極的に加わることを可能にする体制が作られつつある。また、日本列島の各地への避難を余儀なくされた人々をはじめ、福島第一原子力発電所の事故を体験した人々の声を無視するかたちで、列島沿岸の原発の再稼働へ向けた手続きが進みつつもある。さらに、これらの動きを批判する言論が封殺されつつある一方で、人の心を深く傷つけるかたちで民族差別の暴力を撒き散らす憎悪表現《ヘイト・スピーチ》は、野放しにされたままである。このような状況のなかで、生命を最後まで絞り取るかたちで人を働かせることを可能にする仕組みまで作られつつある。今や日本列島の人々は、戦後の「平和運動」が一貫してそれに抗ってきたはずの、人を殺める武器を手にすることや、被曝することを含んだかたちで、「日本」という虚像に奉仕し、生命力を使い尽くす慌ただしい「活動」——「就活」から「終活」まで——を、生まれてから死ぬまで強いられている。ひと頃広島でも誘致論議が巻き起こった「オリンピック」——もしこの「祭典」が日本で実現するとするなら、それは滅亡のスペクタクルであるほかないのではないか——へ向けた騒々しい動きは、このことを覆い隠すものにほかならない。

しかも、そのように生命が収奪される趨勢は、「日本」の神話が跋扈した侵略戦争の歴史、そして戦後の「原子力神話」の支配する歴史とも地続きの関係にある。今、いったん立ち止まり、こうした歴史を、声高になりつつある歴史修正主義に抗して、その歴史を貫く暴力に曝された者たちの記憶から捉え返すことで、ベンヤミンが語った、「例外状態」が通常の状態となった現在を照らし出しながら、そのなかに東アジアの隣人たちとともに生きていく回路を探っていく思考——テオドール・W・アドルノが『自律への教育』(原千史他訳、中央公論新社、二〇一一年)に収められた講演や対談をつうじて語りかけるのは、このような、歴史認識にもとづく自律的な思考を育むことである——を、広島という、人が「人間」として生きることも死ぬこともできない「セカイ」が核の閃光によって開かれてしまった場所から始めるべきではないだろうか。被爆七十周年の節目を迎えようとする今、本書を送り出す背景には、このような問題意識がある。

そのためには、何よりもまず広島の現在が、帝国の軍都としての廣島の歴史の連続を見通すなかから照らし出される必要があろう。「経済的」——その「経済《エコノミー》」とは、生ある者の生命を収奪しながら資本《カネ》を蓄積する仕組みの「家政《オイコノミア》」のことである――な「成長」や「活性化」に血道を上げる人々の心性に流れ込んでもいる軍都の歴史は今、広島の街の白いコンクリートのなかで、アメリカの力に自発的に隷従しつつ「唯一の被爆国」を自称する日本を向いて、この国家にアリバイを提供してきた戦後の広島の歴史にも連なっている。一九五八年に広島を訪れた哲学者ギュンター・アンダースがそこに「破壊の破壊」を見抜いた(『橋の上の男――広島と長崎の日記』篠原正暎訳、朝日新聞社、一九六〇年)被爆後の「復興」を、「平和」の旗印の下で上から主導しつつ、日本という隷従国家とその「原子力神話」との対決を絶えず先送りしてきた人々の軍都根性とも呼ぶべき体制翼賛型少数者《モデル・マイノリティ》の心性のうちに、軍都の歴史の連続性を見て取り、広島の地に凝縮されている日本の近代の問題を、現在の問題として捉え返すことは、喫緊の課題であるはずだ。

それを経てのみ、ヒロシマの記憶を、沖縄、そして東アジアを貫いてきた暴力の歴史の記憶と、さらには世界中のヒロシマの子たち《ヒロシマズ》の苦難の記憶と照らし合わせる回路が切り開かれるだろう。反核平和運動の初期に掲げられた「ノーモア・ヒロシマズ」という言葉は、その可能性へ向けた合言葉として再び見いだされうるのかもしれない。そして、何よりも重要と思われるのは、このような世界的な歴史認識を含んだ思考を、文化的な実践と接続させ、死者を含めた他者の魂と応え合う場を、広島の地に、暴力の歴史の中断を具現する場として切り開くことである。それを可能にするのは、ヒロシマの記憶と世界中のヒロシマの子たちの記憶に通底するものを、生の根底から照らし出すような芸術的創造にほかならない。それこそが、ヒロシマという磁場に引き寄せられる世界中の芸術家と芸術愛好家の熱い眼差しに、さらには「ヒロシマ」の名を呼ぶ世界中の人々の声に応えうるはずだ。

このような思考と文化的な実践――哲学と美学の徒として私が関わってきたのはこの両者でし

かなく、今後もそれだけを続けるつもりである——をつうじて、ヒロシマを「ヒロシマの人々」とヒロシマの子たちの手に取り戻す可能性へ向けて送り出される本書に収められたテクストは、二〇〇七年から二〇一五年までの期間に書かれている。それを最初に発表する機会を与えてくれた方々やそのきっかけを与えてくれた方々に、この場を借りて心からの感謝を捧げたい。まず、二〇〇七年という年は、広島で娘が生まれた年であるとともに、ヒロシマ平和映画祭——その年の映画祭のテーマが、「広島から世界中のhiroshimasへ」だった——の開催に関わり始めた年でもある。そのきっかけとなったのが、その前年に広島・中東ネットワークの主催で行なわれた、ミシェル・クレイフィとエイアル・シヴァンの映画『ルート181——パレスチナ〜イスラエル　旅の断章』(二〇〇五年)の上映会での文化批評家東琢磨さんとの出会いだった。

第三部に収録した東さんの著書『ヒロシマ独立論』(青土社、二〇〇七年)の書評にも記したように、広島の現在を歴史的な視野をもって見つめながら、その歴史に内在する記憶のせめぎ合いのなかから抵抗としての文化を、その可能性において取り出す視点については、東さんの洞察に負うところが多い。東さんには、成蹊大学の李静和《りちょんふぁ》さんが主宰する研究プロジェクト「アジア・政治・アート」が展開される場へも導いていただいた。沖縄の佐喜眞美術館での会合と、そこでのアーティストとの出会いは忘れがたい。第一部に収録した、二〇〇八年のヒロシマ・アート・ドキュメントのカタログに寄せたテクストは、このプロジェクトをつうじて出会ったアーティストの作品との広島での再会から生まれた。そのテクストの本書への再録をお許しくださった、この現代美術展のキュレーター伊藤由紀子さんにも感謝申し上げる。

「アジア・政治・アート」のセッションは、二〇〇七年のヒロシマ平和映画祭のなかでも開催されたが、それを含めたこの映画祭の催しのコーディネイトに携わったことは、現代世界の文脈のなかにヒロシマの記憶を掘り起こしていく可能性を探るうえで、かけがえのない経験となった。この映画祭の実行委員会の代表を務めておられる映像作家の青原さとしさんからは、広島を舞台にした映画の数々のみならず、ご自身の作品をつうじて、広島の人々の身体に染み込んだ記憶の所在についても教えられた。そして、同じ頃にこの映画祭に関わり始めた哲学者の上村崇さんが展開されている、「ゾンビ」という視点から映画を読み解き、現代の人間の生きざまを捉え返す思考からも、さまざまな示唆を得ている。第二部に収録されたテクストは、東さん、青原さん、上村さんとの議論のなかから生まれたと言ってよい。

二〇〇九年の映画祭から、ヒロシマ平和映画祭実行委員会は、ひろしま女性学研究所を活動の拠点としているが、この研究所を主宰し、ジェンダーの視点から広島の女性史を掘り起こす貴重な書物を読者に届けるとともに、広島から性暴力を問う重要な活動——その成果として特筆されるのが、『思考するヒロシマへ——性暴力・ジェンダー・法』(ひろしま女性学研究所、二〇一一年)である——を繰り広げている高雄きくえさんには、とりわけ深い感謝を捧げたい。映画祭の活動を記録に留め、そこから示された新たな視点をしっかりと伝えようという高雄さんの熱意がなければ、第二部のテクストは生まれなかった。映画祭などのシンポジウムの記録としてすでに刊行されている書籍からの講演録の転載を快く承諾してくださったことにも感謝申し上げる。高雄さんは、広島市立大学国際学部での私の講義の教科書として書かれた拙著『共生を哲学する——他者と共に生きるために』(ひろしま女性学研究所、二〇一〇年)も世に送ってくださった。

序に置いたのは、二〇一二年の広島でのカルチュラル・タイフーンのメイン・パネルの一つ「軍都広島からチョッケツ東アジア」のセッションで発表したテクストである。このセッションでともに声明を発表した崔真碩さん、行友太郎さんを中心に続けている中国文芸研究会での議論は、ベンヤミンやアドルノの思想に軸足を置きながら哲学と美学を研究してきた者として、ヨーロッパへ向きがちだった私の思考を、東アジアの時空間へ向け直してくれた。この研究会で魯迅を読み直した経験は、何物にも代えがたい。東アジアの血腥い歴史を貫く近代の構造を労働の現場から透視する行友さんの思考からも、また朝鮮文学を代表する作家である李箱の作品の訳者にして劇団野戦之月海筆子《ハイビーツ》の役者でもある身体から言葉を創造し、「影の東アジア」に身を置きながら、死者とともに「多数」を生きる「ひと《サラム》」の生き方を指し示す崔さんの文学からも、つねに多大な示唆を得ている。序のテクストと第三部に収録した崔さんの著書の書評は、それに対するささやかな応答である。お二人とは、日本の近代の歴史に対する深い反省と、日本の近代が産み出した暴力装置の解体とにもとづく「東洋平和」へ向けて、これからも議論を重ねていきたい。

本書を貫くヒロシマを想起するというモティーフにとって、二〇〇七年に社会学者の直野章子さんと出会えたことは、決定的に重要である。原爆に遭うとはどういうことかを思い、現在の営為として被爆の記憶の継承を考える際に、直野さんのお仕事の数々から得た示唆は計り知れない。長年にわたり原爆被害者に寄り添い、その声を丹念に掘り起こし続けて、原爆被害者の運動を原点から捉え返し、そこにある志を原発事故後の今に受け継ごうとする直野さんのお仕事からは、これからも多くを学んでいきたい。また、ヒロシマを想起するというモティーフを、ベンヤミンやアドルノの思想と接続させながら展開し、想起する営みをパウル・ツェランの詩作などから考えるうえで、私と同じく近代と現代のドイツの思想を研究の専門領域とする広島の哲学者小田智敏さんとの対話も、示唆に富むものだった。被爆の記憶を受け継ぐ可能性を示すとともに、軍都にして「学都」であった廣島の歴史から広島の現在を照らし出す小田さんのお仕事が、まとまったかたちで公になるのが待ち遠しい。

第四部の最後に置いた書き下ろしのテクストは、広島市立大学大学院国際学研究科の「現代思想」の演習で行なった、ジョルジュ・ディディ=ユベルマンやジョルジョ・アガンベンの著作のレクチュールを土台にしている。その作業に熱心に参加してくれた、鍋島唯衣さんをはじめとする大学院生のみなさんには心から感謝している。カントの『判断力批判』の一部を扱った二〇一四年度後期の演習には、国際学部の同僚の湯浅正恵さんも非常に熱心に参加してくださった。湯浅さんは、先に触れた映画『ルート181』の上映会を主催した広島・中東ネットワークの活動や、ご自身が中心となって企画された、パレスティナのオリーヴをテーマにした現代美術展"Keep Hope Alive"などをつうじて、現代世界の問題が凝縮したパレスティナの今をヒロシマとも照らし合わせながら考えることへ、私を導いてくれた方である。広島市立大学の広島平和研究所の研究員で、ヒロシマ平和映画祭の開催にも一緒に関わってきた、高橋博子さんとロバート・A・ジェイコブズさんは、現代アメリカ史の緻密な研究にもとづきながら、「ヒバクシャ」の記憶のグローバルな布置のなかに核の問題を浮かび上がらせる、まさに世界中のヒロシマの子たちを繋ぐお仕事を展開されているし、同じ広島平和研究所研究員の桐谷多恵子さんは、焦土の被爆地に生きる人々の営みから「復興」そのものを捉え返す、今こそ重要な研究を重ねておられる。こうした同僚たちの仕事からも、引き続き多くを学んでいきたい。

第一部に収録した日本短歌大会での講演のためのテクストは、東琢磨さんのお母様で歌人の東木の實さんとの出会いから生まれたものである。ヒロシマを想起し、歌うことを考える機会をいただいたことにあらためて感謝申し上げる。東木の實さんには、その後も広島の歌人の方々の会合にお招きいただいた。そのたびごとに、「うた」の世界の深みに触れたことは忘れがたい。第一部の最後に置いたテクストのなかで触れたように、現在ひろしまオペラ・音楽推進委員会の委員の一人として、この委員会が主催する演奏会やオペラの公演のわずかなお手伝いをさせていただいている。なかでも、広島出身の世界的な作曲家である細川俊夫さんが音楽監督を務める現代音楽の演奏会シリーズ"Hiroshima Happy New Ear"の演奏会やオペラ公演のためにプログラム・ノートや歌詞の翻訳などを用意する機会は、広島の、そして広島からの芸術的創造の可能性を考える機縁にもなっている。公演を重ねるごとに、新しい耳《ニュー・イアー》を持った聴き手が増えていることは、広島の文化にとって喜ばしい成果と言えよう。ひろしまオペラ・音楽推進委員会の主催公演のために書いたプログラム・ノートをはじめ、音楽作品について書いたテクストも、いずれまとめて公にできればと考えている。

　とはいえ、これまで書き継いできた、ベンヤミンとマルティン・ハイデガーの歴史論を対照させた論文や、ベンヤミンの思想にもとづきながら原民喜とパウル・ツェランの詩作の呼応関係を辿った論文などを、一書にまとめたうえで、第四部の最後の論考でも示した〈残余からの歴史〉の理論的な構想を、もう一つの歴史の概念へ向けたベンヤミンの問いを受け継ぐかたちで展開するのが、今は急務であろう。従来の歴史が物語から排除してきた、歴史の残余であり、その歴史を貫く暴力による抹殺の残余であるような記憶を、「国民」の残余の位置から呼び覚まし、その記憶を他者の苦難の記憶とも照らし合わせることによって、それぞれ特異な記憶の星座として浮かび上がるもう一つの歴史、この〈残余からの歴史〉は、現在跋扈している生命を収奪し尽くす暴力によって貫かれた近代の歴史に立ち向かいながら、国境を超越したところに、死者を含めた他者とともに生きる場を指し示すのではないか。そして、深い想起にもとづいてこの共生の場を暗示する芸術も、この歴史の表現において重要な役割を果たすにちがいない。本書において示そうとしたのは、被爆の記憶の継承を、〈残余からの歴史〉を構成する記憶の星座を描くことに結びつける可能性である。

このような試みを含んだ本書を、広島が被爆から七十年の節目を迎えようとする時期にお届けできるのは、ひとえにインパクト出版会の須藤久美子さんのおかげである。本書の最初の構想は、およそ六年前に遡るが、『ベンヤミンの言語哲学』に結びついた研究を、大学の仕事などに追われながら継続するなかで、本書をまとめる作業になかなか手をつけられないでいた。その間ずっと待ってくださったのみならず、構成や表題について的確なアイディアを提示されながら、複雑な原稿を丁寧に整理してくださったことに心から感謝申し上げる。本書の少し尖った表題は、須藤さんのアイディアをもとに、須藤さんと一緒に考え出したものである。時間はかかったが、構想を一から立て直し、新たに書いたテクストを盛り込むかたちで本書をまとめられたのは、結果的によかったと思う。広島の素晴らしいデザイナー雲丹紅巽さんに美しく装幀していただいたことにも感謝申し上げる。とくに、広島出身の画家靉光の傑作《眼のある風景》（一九三八年）を表紙に載せるかたちで装幀していただけたのは、大きな喜びである。私の思考が広島に引き込まれることは、物質性と肉感の両方を感じさせる塊の奥から、危機の時代をおずおずと見返すような眼が覗くこの絵に魅入られることと一つである。

本書を世に送るにあたり、私を温かく支えてくれる家族への感謝も忘れることはできない。妻と娘の理解がなければ、本書に収められたテクストを書き継いでいくことは不可能だった。とくに広島生まれの妻は、研究と生活の拠点を広島に移してからすでに十三年が経つにもかかわらず、未だに土地勘というものが身につかない私の暮らしを、いつも導いてくれている。そのなかで出会った、食文化をはじめとする広島の生活文化は、私にとってかけがえのないものである。デルタ地帯に山が迫る広島の地形は、昨夏の土砂災害のような痛ましい災害とも無縁ではありえないが、瀬戸内の海の幸と中国山地の山の幸の両方を享受することを可能にしていると実感しているし、それらを巧みに生かす文化が、街のなかで多彩に繰り広げられているのにも魅力を感じている。広島の人々の生そのものを形づくる、生きる知恵の枠とも言うべき文化を支えてきた人々の生活の場を残し、広島の文化を他者との共生のなかに受け継いでいく可能性を、広島の人々の足下の状況を見通しながら探っていくためにも、本書がささやかな思考の契機になることを願ってやまない。

柿木伸之

二〇一五年四月、広島にて

［著者略歴］

柿木伸之　かきぎのぶゆき

1970年鹿児島市生まれ。上智大学文学部哲学科卒業。上智大学大学院哲学研究科哲学専攻満期退学。上智大学文学部哲学科助手などを経て、現在広島市立大学国際学部准教授。博士（哲学）。専門領域は、20世紀のドイツ語圏の哲学と美学。
ウェブサイト　http://nobuyukikakigi.wordpress.com

著書：
『ベンヤミンの言語哲学——翻訳としての言語、想起からの歴史』平凡社、2014年
『共生を哲学する——他者と共に生きるために』ひろしま女性学研究所、2010年
主要共著書：
柿木伸之編『広島の現在と〈抵抗としての文化〉——政治、芸術、大衆文化』ひろしま女性学研究所、2011年
柿木伸之編『ヒロシマ、オキナワ、アメリカ——新たな戦争を越えるために』ひろしま女性学研究所、2010年
広島市立大学国際学部国際社会研究会編『多文化・共生・グローバル化——普遍化と多様化のはざま』ミネルヴァ書房、2010年
寄川条路編著『インター・カルチャー——異文化の哲学』晃洋書房、2009年
野家啓一責任編集『哲学の歴史第10巻——危機の時代の哲学［20世紀Ⅰ］現象学と社会批判』中央公論新社、2008年
ドイツ観念論研究会編『思索の道標をもとめて——芸術学・哲学・宗教学の現場から』萌書房、2007年
共訳書：
テオドール・W・アドルノ『自律への教育』中央公論新社、2011年
クリストフ・メンケ『芸術の至高性——アドルノとデリダによる美的経験』御茶の水書房、2010年
主要論文：
「谺《こだま》の詩学試論——ベンヤミンにおける『谺』の形象を手がかりに」、広島大学総合科学研究科人間存在研究領域人間文化研究会編『人間文化研究』第6号、2014年3月
「メシアニズムなきメシア的なものの系譜——ベンヤミンとデリダの『メシア的なもの』をめぐる思考」、日本現象学会編『現象学年報』第24号、2008年11月
「出来事から歴史へ——ベンヤミンとハイデガーの歴史への問い」、『理想』第680号、理想社、2008年2月

パット剝《は》ギトッテシマッタ後《あと》の世界《せかい》へ——ヒロシマを想起《そうき》する思考《しこう》
2015年7月15日　第1刷発行
著　者　　柿木 伸之
装　幀　　雲丹 紅巽
発行人　　深田　卓
発　行　　株式会社 インパクト出版会
東京都文京区本郷 2-5-11　服部ビル 2F
Tel 03-3818-7576　Fax 03-3818-8676
impact@jca.apc.org　http://www.jca.apc.org/~impact/
郵便振替　00110-9-83148

印刷・製本　モリモト印刷